はじめに

Customers Rule!（お客様が決めるんだ！）

「アマゾン（Amazon）をアマゾンたらしめている『ルール』は何か？」

――そう聞かれたら、私は「この一行に集約されています」と答えるでしょう。

アマゾンでは、四半期に一度、社員表彰が行われています。いくつかの賞があるのですが、その中で最も価値のある賞が**「Door Desk Award（ドアデスクアワード）」**と呼ばれる賞です。

受賞者には、創業時の倹約の象徴である、ドアデスクのミニチュア版が贈られます。

そのミニチュア版のドアデスクには、アマゾン創業者ジェフ・ベゾスのサインと共に、ある一文が手書きされています。その言葉が**「Customers Rule!」**なのです。

立ち上げメンバーとして、飛躍的成長に携わった15年間

私は、2000年7月にアマゾン ジャパンの一員となりました。「Amazon.co.jp」の立ち上げが2000年11月ですので、その4か月前にメンバーとして加わり、立ち上げ準備を行ってきました。以来、2016年2月まで約15年間在籍し、初めはサプライチェーン担当、その後は書籍仕入れの責任者、倉庫オペレーションの責任者として仕事をしてきました。

西新宿のレンタルオフィスの一室でアマゾンの名前を使わずに会社設立準備をしていたとき、従業員はわずか15人ほどでした。今や、日本での従業員は数千人になり、目黒駅近くのアルコタワーに本社を構えています。また、サードパーティー管理の下、アマゾンの倉庫で働く人の数は、登録者ベースで数万人にものぼります（2018年1月現在）。

設立時に書籍だけだった取扱品目は、音楽、テレビゲーム、家電、ビューティー、ファッション、ジュエリー、ベビー&マタニティー、カー・バイク用品、スポーツ&アウトドア、ホーム&キッチン、ドラッグストア、食料品、産業・研究開発用品など、さまざまなカテゴリーが追加され、**「エブリシング・ストア」**の様相を呈しています。

また、ご存じの方も多いと思いますが、アマゾンの事業領域は**「小売り（リテール）」**だけではありません。**デジタル配信サービスプロバイダー、クラウドサービスプロバイダー**としての顔も持ち合わせています。

ですから、現在の日本において、アマゾンという会社を抜きに生活することはかなり難しくなっていると思います。それは「携帯電話がない生活」や「コンビニがない生活」とほぼ等しいと言っても過言ではありません。

そんなアマゾンの一挙手一投足に世界中の投資家、事業家が注目しています。アマゾン関連のニュースが配信されるたびに、世の中に大きなインパクトを与え続けています。

わずかな期間で、日本、そして世界中に大きな影響を与える存在となったアマゾン。この飛躍的な成長を支える一員となれた15年間は、私にとってかけがえのない時間となっています。

時間軸、スピード感、スケール感が違うだけのシンプルで愚直な会社

アマゾンの存在を脅威に感じ、アマゾンの行動を奇異に感じる人は多いでしょう。日本に上陸した当時は「黒船」と呼ばれ、ドローンを使った宅配、ロボットによる倉庫管理などのニュースが流れると「破壊者」などといった表現を使われることがあります。

その見方をする限り、アマゾンの本質を見誤っていると感じます。

アマゾンの考え方は、実にシンプルです。

「Customers Rule!」という大原則に基づいて、「お客様のために何ができるか？」を考え、シンプルに事業を推進しているだけ。端的に言えば、非常に愚直な会社です。

ただし、時間軸、スピード感、スケール感などは、少し違います。

普段我々が想像する未来よりも、**ずっと遠くの未来を見ている**だけ。

普段我々が考えるスピードよりも、**さらに速いスピードを求めている**だけ。

普段我々が想像する距離や空間よりも、**はるかに広い範囲で物事をイメージしているだけ。**

ただ、それだけなのです。

「やがてそうなるだろう世界」「そうなってほしいと人々が潜在的に願っている世界」の実現を、アイデアとテクノロジーでサポートしている——といった感覚でしょうか。

アマゾニアンをアマゾニアンたらしめる、独自の「ルール」が存在する

アマゾンの従業員たちは、そんなアマゾンの実現したい未来に共感し、入社してきます。そして、この会社で働く喜びと誇りを感じ、**「アマゾニアン」**と自称します。

世界各国に拠点を持つ巨大な組織でありながら、世界中のアマゾニアン1人ひとりが「お客様のために何ができるか?」という視点で、シンプルに物事を考え、実行していきます。

では、なぜ1人ひとりのそのような自律的行動が可能なのか?

それは、アマゾニアンをアマゾニアンたらしめる**独自の「基本ルール」**、すなわち

考え方や仕組みが存在しているからです。

・**基本理念**の浸透
・**リーダーシップ**の概念
・**人材採用**の方法
・**人事評価**のしかた
・**目標達成や生産性向上**の仕組み
・**アイデア**を生み出す方式
・**コミュニケーション**の基本的な考え方

など、アマゾンにはさまざまな「基本ルール」が存在します。それらの**「ルール」がすべて「Customers Rule!」からブレイクダウンされたものである**ところが素晴らしいのです。

アマゾン社内ではよく「アマゾンで最も買い物をするカスタマーはアマゾン社員である」と言われます。アマゾンのことが大好きで、その素晴らしさ、便利さを知っているからこそ、そのサービスを利用するのです。つまり、アマゾニアンたちは皆、アマゾンファンなのです。

入社を考えている人、自社に取り入れたい人、事業領域が脅かされている人……

本書では、私がアマゾニアンの1人として大事にしてきたアマゾンの「基本ルール」を、内側で体験した出来事と共に皆さんにお伝えしたいと思っています。

・アマゾンへの**入社を考えている**、あるいはアマゾンと**新規取引をしたい**と考える人
・アマゾンという組織が発揮する強みを**自社にも取り入れたい**と思っている人
・現在、ビジネスでアマゾンと取引があるが、アマゾンの考え方に**翻弄されている**人
・自社の事業が、アマゾンによって**脅かされている**、あるいは**近い将来脅かされそうだ**と感じている人
・アマゾンに**事業投資を考えている**人、アマゾンとの**事業提携などを考えている**人

など、さまざまな人に、これから紹介していくアマゾンの「基本ルール」が役立つことを願っています。

これからますます私たちの日常生活と切っても切れないものになるであろうアマゾンという会社と、どうすれば上手に付き合っていけるのか？　そのためには何を知っていればいいのか？

巷にあふれる「アマゾンを賢く使う方法」といった類のノウハウ本ではなく、アマゾンの考え方を理解して、本当の意味でアマゾンと共生するための必要な知識を知っていただくための本にしたいと思います。

私の大好きなアマゾンと読者の皆さんの距離が、本書を通じてより近くなることを、そしてより便利で住みやすい社会になることを願いながら。

アマゾンのすごいルール Contents
amazon's GREATEST RULES

はじめに 2

Customers Rule!（お客様が決めるんだ！）

序章 アマゾンを理解するための 基礎知識 …… 15

そもそもアマゾンとは、いったいどんな会社なのか？ 16
階層の少ない縦割り組織 決裁権はアメリカに集約 21
アマゾンのサービスや事業に多大な影響を与えたアメリカのクリスマス 29
F1を走らせながら修理して、しかもチューンナップする会社 39

第1章 アマゾニアンを加速させる 基本理念 …… 43

未来に花を咲かせるために種を植える 誤解を恐れずイノベーションし続けよ 44
アマゾンの顧客中心の文化が、世の中のロールモデルになる 48
「善意」は、決して働かない 働くのは「仕組み」だ 52

Thinking Backward. 逆算して「今やるべきこと」を考える 56
失敗を恐れず挑戦し続けた結果、誕生した「シングルディテールページ」 61
舵を切って成功したロングテール戦略 67
Still Day One. 第1章が始まったばかり 72

第2章 ビジネスモデル ……… 75
アマゾンの飛躍的な成長を支える

グローバル・ミッションの2つの言葉
Customer ExperienceとSelection 76
ナプキンに書いたVirtuous Cycleとは？ 85
Column アマゾンのキャッシュフロー 103

第3章 リーダーシップ ……… 105
アマゾニアンの体内に流れる

Our Leadership Principles 略して「OLP」14か条とは？ 106
各部門が独自に作成し、大切にする「テネッツ」 136

第4章 人事採用……145
優秀なアマゾニアンを獲得する
最大6人と1対1面接　アマゾン流の採用ステップ 146
OLPを備えた人物かどうか？　面接官は、その1点だけを見ている 152
絶対権限を持つ「バーレイザー」　彼らは何を見ているのか？ 155
面接官をシャドーイング教育　他部署の適性があれば振り替えも 160
Column アマゾンのCM 164

第5章 人事評価……167
アマゾニアンをさらなる高みに引き上げる
評価軸の1つは「業績」　もう1つの評価軸は……？ 168
ストック・オプション株ではなくRSU株を支給 174

第6章 目標管理……179
アマゾンの成長を「仕組み化」する
アマゾンの強さを支える「メトリックス」とは？ 180

アマゾン流数字の管理で会社は劇的に変われる 188
Column 自然災害とアマゾン 198

第7章 アイデア
世界を革新するアマゾニアンの …… 203
社員のアイデア創発を促すアワードの仕組みとは？ 204
パワーポイントの使用NG　1ページor6ページでまとめる 209
新しいアイデアの提案はプレスリリース形式で行う 214
アマゾンの会議は「冒頭15分沈黙」が基本 220
会社の方向性を浸透させる「オフサイトミーティング」 223
最適な組織を編成するための「ピザ2枚ルール」とは？ 227

第8章 スピード
アマゾニアンが追い求める …… 231
〝人類最速〟のPDCAを下支えする社員用オープンデータベース 232
日本の一流メーカー並みの管理指標を設定し、倉庫を運営 236
アメリカはアメリカ、日本は日本　各国事情を踏まえ、事業を進める 239

スピードを求めて行き着いた「移動サーバールーム」の発想　243
コンマ何秒で在庫表示を切り替えるスピード感　246

第9章シンプルに行動するアマゾニアンのコミュニケーション……251
馴れ合いや妥協はお客様のためにならない　252
相手の負担を軽くした上で、お客様のために協力を求める　258
上司が部下に言ってはいけないアマゾンでの禁句とは？　260
段取りさえつけておけば長期休暇はもちろんOK　266
プロジェクトの後に必ず行われる「ポストモーテム」　268

終章
アマゾンでの15年……273
劇的な成長を一員として体験できた
アマゾンの成長の軌跡　285
Amazon.co.jpの年表　286

装丁　井上新八
本文デザイン・DTP・図版作成　株式会社センターメディア
編集　高橋淳二（有限会社ジェット）、小野結理（宝島社）

amazon's
GREATEST
RULES

序章

アマゾンを理解するための

基礎知識

さまざまな「すごいルール」を知る上で
最低限必要な、アマゾンの事業内容、
組織編成などについて解説します。

amazon's GREATEST RULES

そもそもアマゾンとは、いったいどんな会社なのか？

「アマゾン（Amazon）」と聞いて、皆さんは何を思い浮かべますか？
「アマゾンって何をやっている会社？」と聞かれて、あなたなら何と答えますか？

私が入社した2000年当時は、比較的簡単でした。なぜならアマゾンが「ネット書店」と呼ばれていた時代だからです。

今の若い方には想像できないかもしれませんが、立ち上げ当初のアマゾンは和書と洋書のみを扱う本屋さんでした。「始まりは書籍から」――これは「Amazon.co.jp」の設立（2000年11月）以前に営業を開始した、すべての国で共通です。

もちろん米国の「Amazon.com」も、創業の1995年にネット書店としてその営業を開始しました。ちなみに、営業開始の頃は、創業者のジェフ・ベゾスの自宅のガレージが物流倉庫代わりだったそうです。

その後、メディア商材と呼ばれるCD、DVDなどの販売を始め、続いてテレビゲームのカテゴリーが立ち上がり、あれよあれよと言う間に家電、おもちゃ、キッチン用品等々の販売を開始。現在では、「世の中で購入可能な商品はほとんどすべてアマゾンで売っている」と言っても過言ではありません。

ただし、これはあくまでもアマゾンの**小売り**としての姿です。今やアマゾンは、全く別の顔を持つ企業になってしまったのです。

まず1つめが、**サービスプロバイダー**としての顔。アマゾンのサイトに行くと販売元と発送元が記載されているのにお気づきでしょうか？　販売元にはアマゾンとは関係ない企業やお店の名前が書かれています。これはアマゾンは自身が小売りでありながら、その軒先で他の小売業者が商品の販売をすることを認めているからなのです。

例えるなら、伊勢丹の店内で松坂屋が、伊勢丹が売っているのと同じ商品を並べて売っているようなものです。普通なら考えられないことですよね。なぜ、こんな自分たちが損をするようなことをするのか……？　その理由は、後に詳しく説明します。

また、発送元には、販売元がアマゾンではないのにアマゾンの名前が入っている場合があります。これはアマゾンが在庫の保管から受注処理、発送業務まで代行する**「フルフィルメント・バイ・アマゾン（通称FBA）」**と呼ばれるサービスを行っているからです。多額の投資で作り上げた物流ネットワークを「どうぞご利用ください」と他の小売業者に提供しているのです。せっかくお金をかけて作り上げた物流網を、なぜ他社に簡単に提供してしまうのか……？　この回答も後に説明します。

ここまでは、アマゾンがインターネット上の小売りとして築いてきたものの話です。これ以外にも、アマゾンは異なる顔を持っています。

その1つが**デジタル配信サービス**です。最近テレビで「Amazonプライム」という言葉をよく聞くようになりました。これは年会費3900円を払い、アマゾンプライム会員になると、さまざまなサービスが無料で提供されるというものです。「プライム・ビデオ」は、無料で映画や海外ドラマなどを観ることができるサービス。自宅のテレビ（視聴には「Fire TVスティック」というデバイスが必要ですが）やPC、スマホでも、いつも無料で動画を視聴することができます。「Kindle Unlimited」では、好きなだけ電子書籍を読むことができ、「Prime Music」では音楽が聴き放題（いずれも条件があります）となります。

こうしてアマゾンは、専用デバイス（Kindleなど）や汎用機器経由で、デジタルコンテンツの配信を行う世界最大の会社となりました。

そしてもう1つの顔が「AWS（Amazon Web Services）」の名前で知られる、**クラウドサービスのプロバイダー**です。これは一般の方にはあまり馴染みのないものかもしれませんが、実際に皆さんの生活に大きな影響を与えています。クラウドサービスとは、簡単に言うとサーバー貸しです。アマゾンは巨大なサーバーを自社の小売りのために保有していました。しかし、それはクリスマスシーズンに平常時の数倍という受注量を処理するために用意したもので、それ以外の平常時は遊んでいました。その空いているスペースを有効活用しようというのが、このクラウドサービスです。昨今、空いている場所を貸す「Airbnb」や「スペースマーケット」、車の空いている時間を活用する「ＵＢＥＲ」など、さまざまなクラウドサービスが登場しています。

実は、先ほど説明したアマゾンのＦＢＡも、言ってみればクラウドサービスの１つです。アマゾンは、このサーバー貸しの世界ではダントツ世界一の企業です。アメリカではＦＢＩやＣＩＡ、その他の政府機関などのサーバーもアマゾンのクラウド上にあります。これは、アマゾンのサービスが国家機密を守るのにも十分なほど機密性が高いとお墨付きをいただいているのに等しいですよね。

つまりアマゾンは、**「小売りとそれに付随するサービス」**、**「デジタル配信サービス」**、そして**「クラウドサービスの提供者」**という、大きく３つの顔を持った巨大企業なのです。「ネット書店」という言葉が、今やいかに不似合いな表現か、おわかりいただけたでしょうか？　アマゾンのサービスの幅は、日々拡大しています。近い将来、非常に重要な社会インフラとして世界中の人の生活と切っても切り離せない存在になっていくことでしょう。

amazon's GREATEST RULES

階層の少ない縦割り組織 決裁権はアメリカに集約

アマゾンは、アメリカ本社を中心とした、部門ごとの縦割り組織編成となっています。シアトルのアメリカ本社が基本的に決裁権限を持っていますし、日本のリテールサイトである「Amazon.co.jp」のシステム変更のほとんどすべてがアメリカのエンジニアによって行われているのです。トップにCEOのジェフ・ベゾス、その下に各部門の決裁者であるSVP（シニア・ヴァイス・プレジデント）がいて、世界各国にVP（ヴァイス・プレジデント＝各組織のトップ）が数十人もいるというツリー形で編成されています。その下にディレクター、シニアマネージャー、マネージャー……と続く、かなり階層が少ない組織編成と言えます。

アマゾン ジャパンには現在、ジャスパー・チャン（リテールやサービスの担当）と、私の直属の上司でもあったジェフ・ハヤシダ（倉庫、カスタマーサービス、サプライチェーンなどの担当）の２人の社長がいます。彼ら日本の社長２人も、ＶＰの肩書きです。この２人にもアメリカのシアトルに上司がいるわけです。

世界各国にあるアマゾンがすべてこのような縦割り組織となっています。つまり、アメリカに各部門の状況をワールドワイドにチェックする人間がいて、彼らがジェフ・ベゾスに報告しているわけです。また、ＰＲ（広報）、ＨＲ（人事）、ファイナンス（財務）、ＬＤ（法務）などはアメリカ本社の直轄部門ですし、クラウドビジネスの「ＡＷＳ」などはアマゾンジャパンとは別会社となります。

この組織編成は、アマゾンを理解する上で、必ず押さえておきたいポイントです。いくつか挙げておきましょう。

「上司はアメリカにいる」というアマゾニアンが多い

ＰＲ（広報）、ＨＲ（人事）、ファイナンス（財務）、ＬＤ（法務）などはアメリカ本社の直轄部門なので、上司はアメリカにいるという人間が非常に多く存在します。また、直轄部門でなくともアメリカとのコミュニケーションは頻繁に取ります。で

アマゾンの組織図

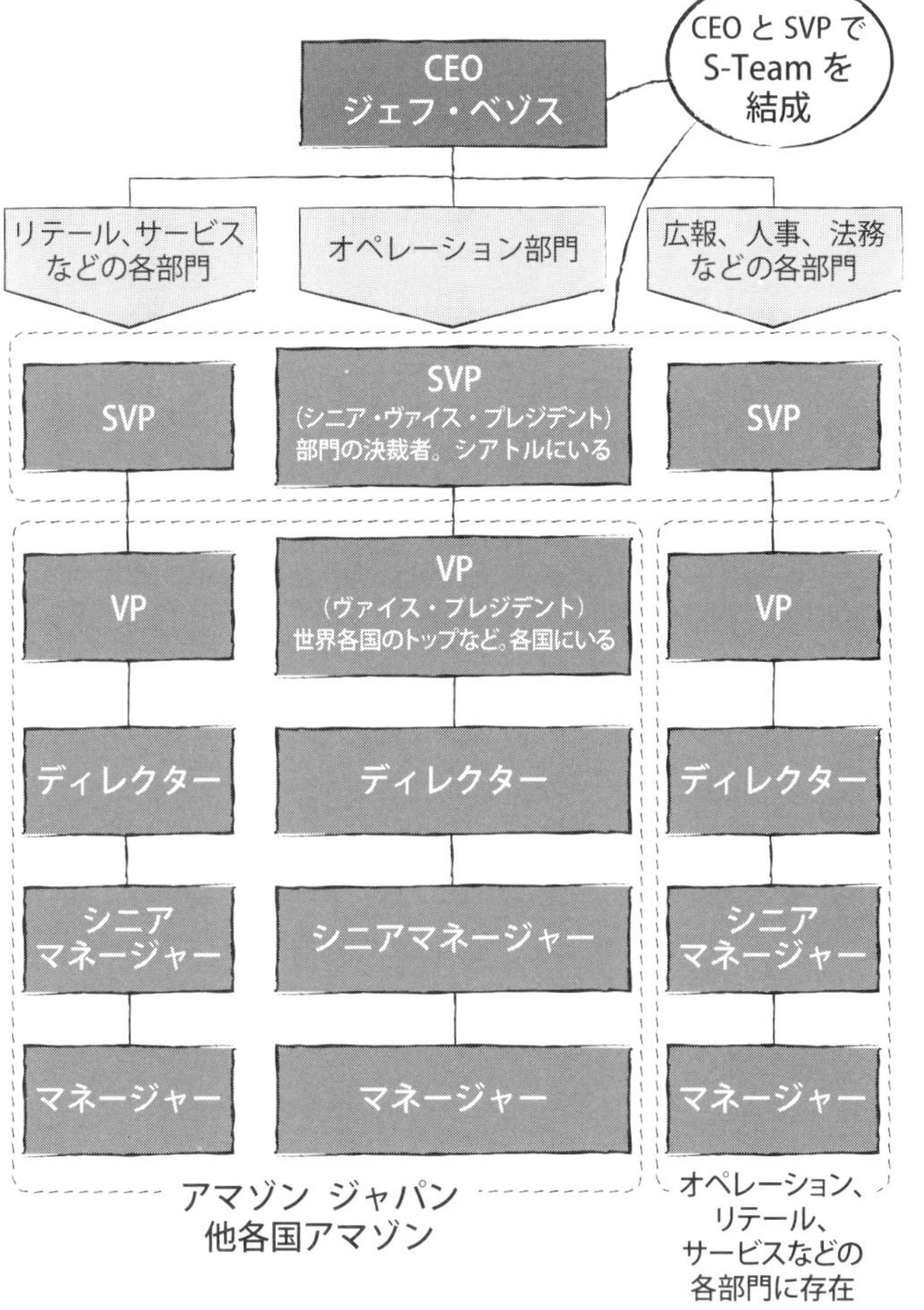
CEOとSVPでS-Teamを結成
CEO ジェフ・ベゾス
リテール、サービスなどの各部門
オペレーション部門
広報、人事、法務などの各部門
SVP
SVP（シニア・ヴァイス・プレジデント）部門の決裁者。シアトルにいる
SVP
VP
VP（ヴァイス・プレジデント）世界各国のトップなど。各国にいる
VP
ディレクター
ディレクター
ディレクター
シニアマネージャー
シニアマネージャー
シニアマネージャー
マネージャー
マネージャー
マネージャー
アマゾン ジャパン 他各国アマゾン
オペレーション、リテール、サービスなどの各部門に存在

すから、ディレクター以上の肩書きを持つ人は、英語の会話能力が必須です。

スピーディーに決断することが可能

階層および決裁者の少ない組織編成ということは、「声」を届けやすいのです。私が長く在席したオペレーションアンドカスタマーサービス部門では、直属の上司であり日本の社長であるジェフ・ハヤシダのすぐ上に、たった1人の決裁権限者がアメリカにいるだけでした。良いと判断すれば、すぐに実行に移せるのです。

オペレーションやリテールなど各部門に専任のHRやファイナンスがあります。ですから、人やお金の話を、人事や財務としっかり詰められます。そして、お金を例にすれば、「オペレーションのほうで倉庫を新設したいのはわかるけど、リテールのほうで新しいサービスを始めるので……」といった影響は受けずに済むわけです。後は「ビジネスとして費用対効果があるかどうか？」です。ここで決裁者の承認が取れれば、「すぐにGO」なのです。

私自身も、風通しの良さを体感しています。

オペレーション部門にいたとき、倉庫に関わる、あるプロジェクトをどうしても通したいと思ったことがありました。投資額5000万円ほどのプロジェクトだったのですが、オペレーション上、急を要していました。

上司であるジェフ・ハヤシダには「基本OKだよ」という返事をもらっていたのですが、私は会議に出席するためにシアトルに行っていたタイミングだったので、「決裁者であるSVPに直接話をしちゃっていいですか？」と聞いたところ、「いいよ」という返事だったのです。

私はシアトルで見かけたSVPに駆け寄りました。そして、「実はこういうプロジェクトをやろうとしているんですが……」という話をしたのです。

「今、日本でこのようなプロジェクトをやろうとしていて、どうしても通したい」

「いくらかかるの？」

「5000万円ぐらいです」

すると、このように質問されます。

「マサ（私はそう呼ばれていました）、なぜそれが必要だと思うのか？」

私は答えました。

「○○や××といった成果を挙げられるからです。当然やるべきだと思います」

すると、SVPはその場で「OK、いいよ」と答え、即日承認の手続きを進めてもらえたのです。SVPは、日本から送られていた資料に目を通し、概要は把握していたと思います。けれども、階層が少なく、決裁過程をシンプルにしたアマゾンの組織編成だからこそ、このような進め方が可能なのだと思います。

実際、**10億円規模の決裁がわずか2日間で通った**こともあります。お客様の満足度を下げずに配送料を大きく削減できる、ある画期的なアイデアが提案されたときのことです。そのアイデアの導入には10億円ほどの設備投資が必要でしたが、ファイナンス部門とオペレーション部門が協力して一気に決裁を通してしまい、主要な倉庫ですぐに導入されました。投資効果がはっきりしていて、最終的にお客様の満足度の向上に直結しているのであれば、無駄な時間を決裁にかけることはないのです。

▒サービスローンチは基本的にアメリカで

アマゾンでは、シアトルのアメリカ本社が基本的に決裁権限を持っています。そのため、「新しいサービスを開始する」という場合や「新しい商品カテゴリーを追加する」

という場合、まずアメリカで試験的に行って改善点などをある程度洗い出した上で、世界各国へ広げていくという考え方をしています。

例えば、新しいサービスについてですが、音声機能を持つワイヤレススピーカー「Amazon Echo」は、まず２０１４年11月にアメリカで発売され、２０１７年11月に日本で発売となりました。２０１８年1月にシアトルでオープンした無人レジの実店舗「Amazon GO」も、やがて日本でもサービスを開始することでしょう。

新しい商品カテゴリーについても同様です。アマゾンでは商品カテゴリーのことを「ストア」と呼びますが、アメリカで追加されたストアが、どのようなタイムラグを経て各国で追加されたかを表にまとめてみました（28ページ参照）。

当初は1年ないしは2年ほどのタイムラグがあり、基本的には「アメリカ→ヨーロッパ→日本」の順で追加されるのが基本型でした。

近年、さまざまな体制が整ってきたので、今後タイムラグは小さくなると思いますが、「アメリカから始まる」という基本姿勢は変わらないと思います。ですから、アマゾンの今後の戦略を把握したい場合、アメリカでのアマゾンの動きをウォッチする必要があるでしょう。遅かれ早かれ、それは日本にやってくるのです。

品揃《しなぞろ》えのタイムラグ（1995～2009年）

	アメリカ	ヨーロッパ	日　本
2009		食品	消費財 食品
2007	食品	消費財	ホーム キッチン
2005	消費財		家電
2003	ホーム	ホーム キッチン	ゲーム/ おもちゃ
2001	キッチン	家電	CD/DVD
2000	家電	ゲーム/ おもちゃ	書籍
1999	ゲーム/ おもちゃ	CD/DVD	
1997	CD/DVD	書籍	
1995	書籍		

※カテゴリー拡大はアメリカ→ヨーロッパ→日本
※扱い難易度の低い商品から始め高難易度へ

amazon's GREATEST RULES

アマゾンのサービスや事業に多大な影響を与えたアメリカのクリスマス

もう1つ、アマゾンを理解する上でぜひとも知っておきたいのが、「クリスマスとアマゾンの関係」です。

日本のクリスマスシーズンの出荷量は、それ以外のシーズンの1・3〜1・4倍程度でしょうか。それほど開きはありません。1年中常に在庫を持っている状態なので、倉庫が空になることなどあり得ません。これと同じイメージで、アメリカのクリスマスシーズンを捉えてはいけません。まったく違います。クリスマスシーズンは、それ以外のシーズンの数倍以上の出荷量になるからです。

私は以前「アメリカ人は、クリスマスのために1家族9000ドル（約100万円）

使う」というデータを目にしたことがあります。その数字の真偽はわからないのですが、実際にアメリカの家庭でクリスマスの朝のようすを目にしたことのある身としては「たしかに」とうなずけます。

今から30年近く前ですが、私は大学時代、アメリカに留学していました。そして、大学の寮が閉まるクリスマス休暇の間、子供が4人いる家庭にホームステイをさせてもらっていました。

クリスマスの朝、地下1階で寝ていた私は、ホストファミリーのお父さんから「マサ、サンタさんがお前にもプレゼントを持って来てくれたぞ。起きて上へ上がってきなさい」と言われました。

1階へ上がり、リビングのドアを開けると、大きなクリスマスツリーを中心にして、数十個のプレゼントが床一面に敷き詰められていたのです。「床を埋め尽くす」という表現が誇張でも何でもなく、まさに文字どおりの光景が広がっていました。

洋服、靴、おもちゃ、自転車……子供たちは10個以上ものプレゼントを次々と開けながら、大喜びしています。そして、お父さんは「マサにもあるぞ」と言いながら、私にもプレゼントを3つくれたのです。

ホームステイしている私にさえ、3つも！　喜びもさることながら、「これだけの量のプレゼントを昨夜までいったいどこに隠していたんだろう？」という驚きが頭から離れませんでした。

クリスマスシーズンに使うお金は、プレゼントの購入代だけではありません。クリスマスツリーやオーナメントを買ったり、七面鳥などの料理を用意したり……。そうなると子供が数人いる家庭が「1回のクリスマスで100万円使う」というデータは、きわめて妥当な数字のように思えます。

それほど、アメリカ人にとってクリスマスは**「特別な日」**なのです。

これは、裏を返せば、「アメリカ人はクリスマスシーズン以外にはほとんどものを買わない」ということでもあります。私は、留学時代と以前の勤務先であるセガ時代を合わせて数年間アメリカに住んでいましたが、アメリカの人たちは、よほど必要に迫られない限り、洋服や靴などをクリスマス以外で買うことはありませんでした。

それほどまでに極端な、**「一極集中」の購入スタイル**なのです。

11月の「サンクスギビング・デー（感謝祭）」からクリスマスまでを、アメリカでは「ホリデーシーズン」と呼びます。アメリカでは、通常時とホリデーシーズンとでは、雇われる人の数がまったく違います。

アメリカには、キャンピングカーに乗って1年中旅し、ホリデーシーズンだけ倉庫などで雇われて働き、終わるとまた旅に出る——という季節労働スタイルの人たちがたくさんいます。彼らは「ホリデーテンプワーカー」と呼ばれています。アメリカの売り手たちは、そんなふうに、さまざまな労働力をかき集めて怒濤《どとう》のクリスマスシーズンを戦い、乗り切っているのです。

アメリカのクリスマスがアマゾンに与えた影響とは?

このようなアメリカのクリスマスが、アマゾンという企業に非常に大きな影響を与えてきました。

いくつかピックアップして紹介します。

■アマゾンのサービスレベルが引き上げられた

これほど一極集中スタイルなので、アメリカの売り手たちにはまず「システム障害などでクリスマスにものを売れない事態に陥ったら、会社がつぶれてしまう」という危機感があります。

また、「クリスマスに約束どおり商品を届けられなかったら、社会問題になる」という恐れも抱いています。事実、トイザらスは1999年にオンラインで注文を受けたものの、オンライン障害などの理由により、期日までにお客様の元に商品を届けられませんでした。売り上げを逃したばかりでなく、150万ドルの罰金を米連邦取引委員会から命じられたのです。

そのようなアメリカの社会的背景がある中で、アマゾンは設立当初からブレることなく**「お客様最優先」**を掲げ、**「感動の顧客体験」**を届けようとしているわけです。お客様を裏切らず、約束を果たすためには、絶え間ない改善、仕組み作りなどが求められます。アマゾンのサービスレベルをここまで引き上げた要因の大きな1つが、アメリカのクリスマスなのです。

私たち日本のアマゾニアンにとって、大きな教訓となっている出来事があります。

ある年のクリスマス、カスタマーサービスに1人のお客様から電話が入りました。

そして、

「息子に渡すためのプレゼントが届かなかった。いったいどうやって息子に説明するんだ！　頼むから私の代わりに息子に、なぜプレゼントがサンタから届かなかったか説明してくれ！」

と言われたのです。

このときは担当がお客様の元に出向いてお詫びをし、なんとか許していただきましたが、私たちは激しく落ち込みました。「カスタマー・エクスペリエンス」をうたう会社が、自分たちの力不足によって、お客様の時間を失望の時間に変えてしまったからです。以来、アマゾン ジャパンでは**「お客様の涙ゼロ！」**という合言葉を作り、毎年のホリデーシーズンに臨んでいるのです。

口だけではありません。実際に、ありとあらゆる手段を使って届けます。

クリスマスの季節、カスタマーサービスのスタッフには独自判断の権限が与えられます。アメリカで、クリスマス前日にお客様から「商品が届いていない」という連絡が入ったことがあります。データ上は配達済みになっていたのですが、実際荷物は届いていなかったようです。カスタマーサービスのスタッフは、独自の判断で、無償出荷の手続きと航空便へのアップグレードを行い、間に合わせたのです。

また、日本でも非常事態に陥ったことがあります。配送業者さんにお願いして届けようとすると、クリスマスを過ぎてしまうという事態です。私たちは緊急会議を開き、対処法を考えました。その結果、「届け先の最寄りにある倉庫の所長が、サンタクロースの格好をして直に届ける」という方法を取ることにしました。それならば、約束を守ることができます。サンタの格好をした所長がお届けにあがったところ、お客様も大喜びしてくれました。約束を守るだけでなく、サプライズまでお届けすることができました。

FBAというサービスが誕生した

アマゾンでは、倉庫のことを「フルフィルメントセンター」と呼びます。「フルフィルメント・バイ・アマゾン（FBA）」とは、アマゾンの倉庫を自社倉庫代わりに利用できるサービスです。アマゾンで販売する商品はもちろん、特にアマゾンで販売しないものでも置いておけます。そして、アマゾンが出荷を代行してくれるのです。

このような「倉庫貸し」のビジネスがなぜ誕生したのかと言えば、それは**「ホリデーシーズン以外の倉庫が遊んでいるから」**です。私はアメリカのアマゾンの倉庫に何度も足を運んでいますが、クリスマスシーズンの倉庫がパンパンになっているのに対して、それ以外の時期の倉庫は、ほぼ何もないほど空の状態です。「この空きを有効活用しよう」という目的で、ＦＢＡは始まっているのです。

余談ですが、「ホリデーシーズンに倉庫がパンパンで入りきらなかったら、ＦＢＡの在庫はどうするのか？　『倉庫のスペースがなくてあなたたちの商品が入れられない』と告げるのか？」という素朴な疑問が生まれますよね。

そのときのアマゾンの対処法は、「自社の発注数を減らす」です。具体的には、例えば１００個買うところを80個に抑えるなどして、アマゾン自社の入荷量を減らして倉庫に空きを作り、ＦＢＡの契約者の倉庫スペースを確保するのです。

もちろん、これまでのピーク量などを元に、自社とＦＢＡ利用者の次のホリデーシーズンのピーク量をあらかじめ算出し、支障がないように倉庫を新設したりしていますから、そのような事態に陥ることはないでしょう。けれども、過去に一度だけアメリカで「倉庫に商品が収まらない」という非常事態に陥ったことがあるのです。そのときベゾスが出した指令が「自社の発注をすべて止めろ！」だったのです。

なぜか？　FBA利用者は、アマゾンにとって「お客様」だからです。

ここでもお客様が最優先。自社の商品を減らす（もちろんサイトのカスタマーには迷惑をかけずに、ですが）ことで、お客様のマイナスとなる事態を避けたのです。

AWSというサービスが誕生した

「AWS（アマゾンウェブサービス）」は、アマゾンの設置したサーバーを、低価格で安全に利用できるサービスのこと。クラウドサービス利用の実に3割以上を占め、圧倒的世界トップシェアとなっています。低価格でありながらサービス利用者が膨大なため多大な利益を上げており、アマゾングループ全体の74%をAWSが稼ぎ出していると言われています。出た利益をすぐにお客様に還元していくため、利益率が非常に低いアマゾンですが、AWSだけは群を抜いています。

このＡＷＳも、ＦＢＡとまったく同じ考えから誕生したサービスです。ホリデーシーズンに、サイトのシステムがダウンするなど、アマゾンにとってあってならないこと。アメリカをはじめとした世界中の注文をスムーズに処理するためには、**膨大なデータを高速演算処理できるサーバー**を準備する必要があったわけです。ところが、ピークを過ぎてしまえば、倉庫同様、サーバーにも空きが生じます。その空きを他社に「サーバー貸し」したのが、ＡＷＳの始まりなのです。

……と、このように書くと、ＦＢＡやＡＷＳが「偶然立ち上がった」事業のように勘違いされてしまうかもしれませんが、そうではありません。

アマゾンの売っているもの、それは**「商品」ではなく「プラットフォーム」**です。自前で設備や体制やモデルを整える。それをプラットフォームにして、売っているのです。ＦＢＡもＡＷＳも、そのような行動原理と視点でビジネスを進めたからこその産物です。

amazon's GREATEST RULES

F1を走らせながら修理して、しかもチューンナップする会社

アマゾンに在籍していたときの私の直属の上司であり、現在アマゾン ジャパンの社長を務めているジェフ・ハヤシダは、アマゾンという会社を説明するのによくこんな表現を使っていました。

「アマゾンは、F1を走らせながら修理して、しかもチューンナップする会社です」

この言葉を聞くたびに私は、「見事な表現だなあ」と感嘆したものです。

アマゾンという会社は、わずか20年ほどの間に、急速な成長を遂げてきた会社です。その歩みを一瞬たりとも止めることなく、成長し続けているのです。

例えば、アマゾンサイトのアップデートは、絶えず行われています。正確な数は私

も知らないのですが、より使いやすくなるよう、年間で何千、何万というアップデートを行っているはずです。しかも、お客様にできる限り迷惑をかけないよう、現状のシステムを稼働させながら行っているのです。

倉庫に関しても同様です。倉庫を新設し、古い倉庫から一部の荷物を引っ越しさせるといった場合でも、お客様に迷惑をかけないよう、入荷・出荷の作業に支障を出さないようにしながら引っ越しを行うのです。

F1のレーシングカーは、時速300kmのスピードで走っています。けれども、タイヤの付け替えなどは、ピットで停止してから行っています。

ところが、アマゾンでは、修理も、チューンナップも**「走りながら行って」**います。ジェフ・ハヤシダの言葉にひと言付け加えさせていただくなら、「アマゾンというF1の『最高時速』は、300kmのまま一定ではありません。年を重ねるごとに400km／時、500km／時と加速しています」ということです。

「瞬間物質転送装置」のある世界を夢見て

私はよく、仲間と共に「ジェフ・ベゾスはどんな未来を夢見ているんだろうね」と話しました。そういった話の中で出てきた結論の1つが、

「要するに**『瞬間物質転送装置』のある世界**なんじゃないか」

ということでした。

例えば、あなたが1人、部屋にいて、ソファでテレビを見ているとします。

ふと「炭酸水が飲みたいな」と思ったけれど、冷蔵庫に炭酸水がない。現状の世界では、お店に行くか、あるいはネットで注文するなどして、一定の時間と手間をかけた後に炭酸水を飲むことができます。

ジェフ・ベゾスの夢見ている世界は、そうではないのではないか。ふと「炭酸水が飲みたいな」と思った瞬間、アマゾンの倉庫から炭酸水が移動して、あなたの目の前に現れる――という世界なのではないか、という結論です。ジェフ・ベゾスに直接確かめたわけではありませんが、アマゾニアンたちの納得は十二分に得られました。

現在、アマゾンではアマゾンプライム会員向けに「当日お急ぎ便」や「プライムナウ」のサービスを行っています。かつては数週間かかり、「ネットで注文した商品は忘れた頃にやってくる」などと言われていた商品が、その日のうちに、地域によっては1時間後に届くようになったのです。これだけでも革新的なことなのですが、ジェフ・ベゾスの理想のイメージが「瞬間物質転送装置」なのだとすれば、「1日もかかる？　1時間もかかる？　まだまだ遅い」という話なのです。

つまり、「いかにお客様の元へ早く届けるか」というテーマに、ゴールはありません。そして、瞬間移動を可能にする有効なテクノロジーが見出されれば、おそらくジェフ・ベゾスは躊躇《ちゅうちょ》なくそのテクノロジーを自社のサービスに導入しようとするでしょう。

amazon's
GREATEST
RULES

第1章

アマゾニアンを加速させる

基本理念

世界中のアマゾニアンに浸透する、
基本的な考え方。
その代表的なものをピックアップして解説します。

amazon's GREATEST RULES

未来に花を咲かせるために種を植える誤解を恐れずイノベーションし続けよ

アマゾンの「すごいルール」を知る上で最も重要なこと、それは創業者であるジェフ・ベゾスの基本思考や行動原則を知っておくことだと思います。

なぜなら、アマゾンで働く従業員、すなわちアマゾニアンは、**「ベゾスが描く未来のビジョンに共鳴し、そのビジョンを実現したい」**と考えている人たちだからです。

私ももちろんその1人であり、アマゾン ジャパンという会社を離れた今でも、その思いに変わりはありません。

そこで、ベゾスの基本思考や行動原則が端的にわかるトピックスを、いくつか挙げていこうと思います。そのことによって、読者の皆さんに「アマゾンとはどんな会社か？」」がイメージとして伝わると思うからです。

まず初めに、時間軸の捉え方について説明しましょう。

入社して以来、さまざまなプレゼンの場でジェフ・ベゾスが語ってきたのは、**「種を植えること」の重要性**です。私は、15年の在籍期間中、この言葉を何度も耳にしました。

20世紀末の「ドットコム・バブル」崩壊のあおりをうけ、日本でアマゾン ジャパンが設立される2000年頃には、米アマゾン・ドットコムの株価は40ドルから一気に2ドル程度まで下落していました。にもかかわらず、ベゾスは設備投資の動きをゆるめるどころか、加速していきました。そのため、この当時は赤字が膨らみ、さまざまな雑誌が「アマゾンはまもなくつぶれる」「アマゾンの経営手段はおかしい」と書き連ねました。ウォールストリートの機関投資家なども辛辣な評価を与えていました。

当時のことを振り返りながら、ベゾスは我々にこんなふうに語りかけました。

「その頃、僕は彼らに誤解されてきた。だけれど実際、それはイノベーティブなことをやっていたから、〝将来的に花開くもの〟に投資していたんだ。あのとき種を植えて、きちんと水をやっていたから、今すべてが花開いている。今、こうして繁栄しているんだ。

だけれど、忘れないでくれ。

あのとき、僕と当時の仲間たちが世間から誤解されるようなイノベーティブなことをやったから、今、花が咲いているということをね。

今、未来のために種を植えなかったら、この花はいつか枯れてしまうよ。

だから、今日もイノベーティブな種を植えよう。未来に花を咲かせるためにね。たとえ、それが今は誤解されるようなことであったとしても」

今の繁栄に満足し、ベンチャーマインドを忘れてはいけない——自戒の意味で、ベゾスはよくこのようなメッセージをアマゾニアンたちに送っていました。


遠い未来から、物事を考える——これはジェフ・ベゾスの素晴らしい才能だと感じています。実際、ベゾスは「ロング・ナウ協会」という協会の時計プロジェクトに関わっています。これは、「1万年動き続ける機械式時計を作ろう」という壮大なプロジェクトで、埋蔵場所として、テキサス州のロッキー山脈の麓に所有する自身の土地を提供しているのです。

常識で考えれば、「100年後だって生きていないのに、1万年後……いったい彼は何をやっているんだ」と言われる話でしょう。

でも、彼には関係ないのです。

1万年時計が、永遠に掘り出されない可能性は当然あります。

でも、ひょっとしたら、遠い未来の人間、あるいは別の生命体が見つけてくれるかもしれない。そして、この1万年時計を通じて「今から1万年も前に、このような技術を持った人類が存在していたんだ」と、私たちの生きた時代に想いを馳せてくれるかもしれない。自分の生きている時代、はるかその先をベゾスは見ているわけです。

はるか遠い未来を見ているのだから、誤解されることは当然あるだろう。でも、そんなことは関係ない。自分たちにできることがあれば、当然それをやる。

本当に自分たちがどこに行くべきか、を考えながら、アマゾニアンたちはビジネスをしています。

amazon's GREATEST RULES

アマゾンの顧客中心の文化が、世の中のロールモデルになる

ジェフ・ベゾスや幹部社員などアメリカ本社の重役たちが来日すると、全社員を集めて社員集会が開かれます。それをアマゾンでは「All Hands（オールハンズ）」と呼び、普段聞けない経営幹部の言葉を聞く機会が設けられます。

その際、ベゾスや幹部社員に対していくつかの質問をすることができます。そこで、2012年に彼らが来日した際、ある社員がベゾスに、

「アマゾンの10年後はどのようになっていますか？」

と聞きました。

CEOにする質問としては正統派の質問でした。通常の経営者なら「ビジネスが何

%成長して、どこの国に進出して……」などという長期プランを話すところですが、ベゾスの回答は我々がまったく想像していないものでした。

その回答は、次のようなものだったのです。

「未来を見越すことは非常に難しいことだけれど、確実に言えるのは、リテールビジネス（物販を中心としたビジネス）は引き続き主要なビジネスであろうし、AWS（Amazon Web Service=クラウドサービスを中心とするインフラ提供サービス）は今よりも大きなビジネスになっているであろうし、デジタル（電子書籍や音楽、映像のダウンロードサービス）はますます拡大し、この3つのサービスはアマゾンのビジネスの3つの大きな柱でいることは間違いないと思う。

ただ、僕は10年後のアマゾンが置かれている環境のほうが、興味がある。

おそらく10年後には、我々が築き上げた『顧客中心の文化』が他の企業や産業、組織に受け入れられ、今我々が追い求めているのと同じ理念で活動をする組織が生まれてくると思う。

例えば、病院や学校などの公共機関でも、より顧客中心のサービスが当たり前のようになっていくと思う。

そのとき、アマゾンは、そのロールモデルとして、それらの組織の見本となっていなければならないと考えているよ」

非常に短い回答ではあったのですが、自分たちが作り上げてきた企業文化に対しての誇りとその自信の表れを感じました。

やがては世の中のロールモデルとなっている――これがすべてのビジネスをインフラ化してきた経営者ならではの発想なのかと、感動したことを覚えています。

ベゾスの戦略を支える仕組みは、次のピラミッド図で端的に表せると私は考えています。すなわち、「顧客満足度の向上」を頂点とし、「戦略（ビジネスモデル）」があり、「戦略を実行する仕組み」があり、「仕組みを運用する人財」がいて、「リーダーシップ理念」が土台となっているという構造です。ビジネスモデルやリーダーシップ理念については詳しく後述しますが、この構造自体がやがて世の中のロールモデルになっていくとベゾスは考えていたのでしょう。

戦略を支える仕組み

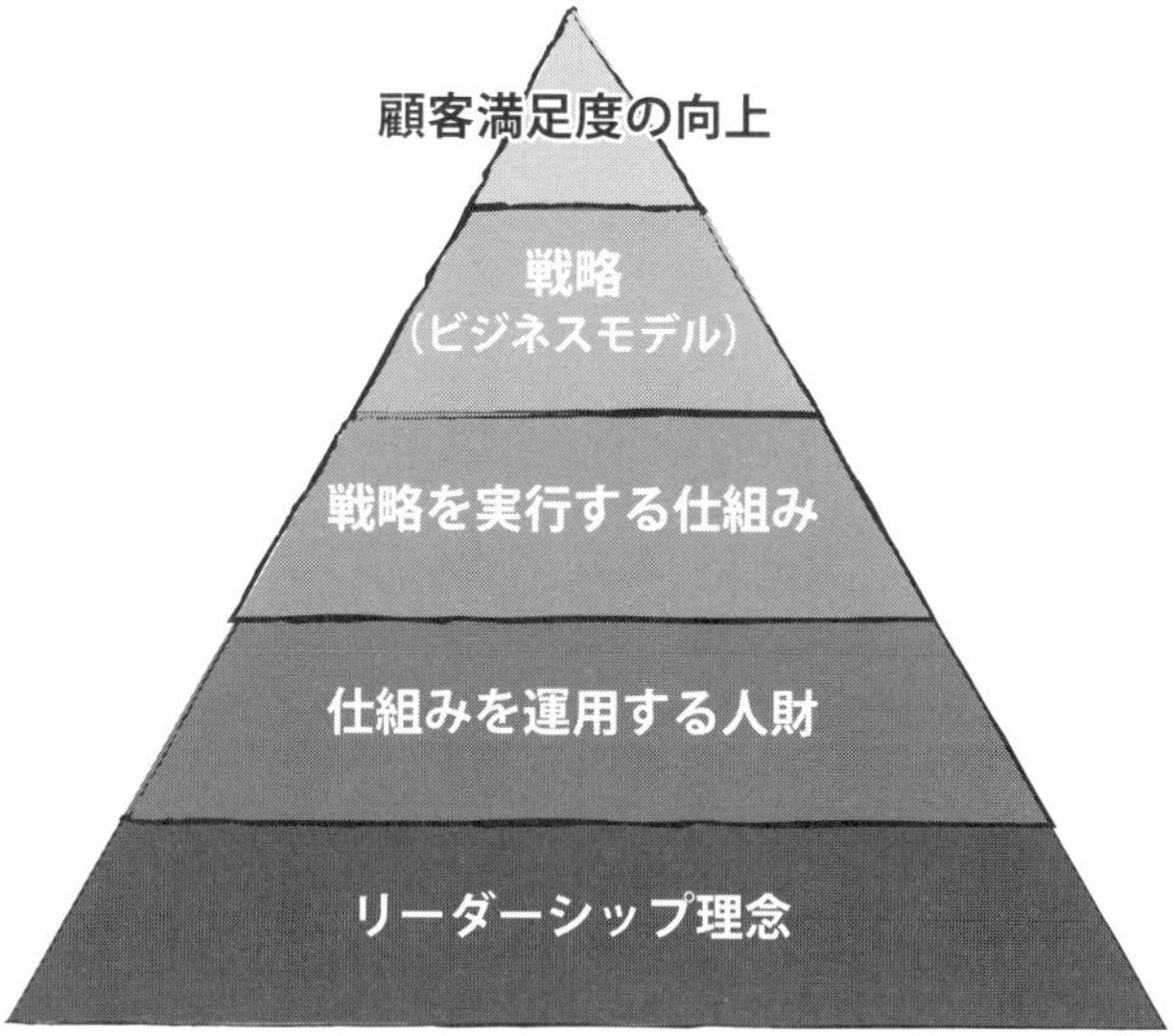

amazon's GREATEST RULES

「善意」は、決して働かない 働くのは「仕組み」だ

飛躍的な成長を遂げているアマゾンで、非常によく使われる言葉の1つ。それが、**「Scalable（スケーラブル）かどうか？」**です。

「スケーラブルか？」とは、「現状の1000倍、1万倍のビジネス規模になっても、今と同じサービスレベルを保つことができるか？」という意味で使われます。

例えば、ある商品に、初回購入特典を付ける必要があり、出荷時に時間と手間がかかる作業をしなければならないとします。その商品の購入者が10人だった場合は、倉庫の出荷担当者が時間を融通して対処すれば、他の出荷作業に支障をきたさず、乗り

切れるかもしれません。

では、その商品の購入者が1万人いたらどうでしょうか？　1万個出荷するための作業を行ってしまうと、他の作業の手が止まります。

少数ならば「善意」でも成立するのです。

けれども、**「善意」だけでは、規模を拡張することも、継続することもできない**のです。

大切なのは、**「仕組み」**なのです。創意工夫を重ね、1万個の出荷であっても限りなく自動化できる「仕組み」を作らなければいけない——アマゾニアンは、スケールを極端に拡大化してイメージしてみるのです。

ベゾスが常に語っていた「仕組み」の重要性

日本では、「おもてなし」という言葉をよく使います。

聞こえは良いのですが、私はこの言葉があまり好きではありません。なぜなら、

「経営者やマネジメント層が社員個々の『善意』に頼っているだけ。自分たちの本来の役割である『仕組み作り』を怠っているだけ」

と感じることがあるからです。

働き方改革などの名の下で、労働時間の短縮を余儀なくされています。今後はますます労働人口の減少が社会問題化してきます。テクノロジーなども含めた「仕組み」を整えていかなければ、現場は疲弊するばかりです。能力と善意を併せ持つ優秀な人材が、真っ先にその犠牲となるでしょう。

まず、スケールを大きくして考える。その上で、仕組みを整える。すると、その「仕組み」が、今まで長い時間を費やし、大きな手間がかかっていた作業を簡略化してくれます。そこで浮いた時間を、より創造的な仕事に充てることが重要なのです。

ジェフ・ベゾスは、

「Good intention doesn't work. Only mechanism works.」

（「善意」は働かない。働くのは「仕組み」だ）

という言葉を、よく口にし、私たちに言って聞かせました。

直訳すると、とても冷たい言葉のように聞こえる人もいるかもしれませんね。

そんなことはありません。

私なりの解釈では、

「善意」だけで、従業員は働き続けられない。

「仕組み」の土台の上で、従業員の「善意」が発揮される。

といった意味のことを、ベゾスは私たちに言っていたのだと思います。

この言葉を思い出すたび、「ジェフ・ベゾスは、誰よりも『おもてなし』の本質的な意味を理解していたのではないか」と思います。

現在、私は経営コンサルタントとしてさまざまな企業と接していますが、その思いがどんどん強くなっています。

そして、コンサルティングの現場で、絶えず「従業員の善意」に頼らない「仕組み作り」の重要性を説いています。

amazon's GREATEST RULES

Thinking Backward. 逆算して「今やるべきこと」を考える

「はじめに」で述べたとおり、アマゾンという会社は「Customers Rule!（お客様が決めるんだ！）」という非常にシンプルな原則に基づいて事業活動を行っています。

１９９５年にジェフ・ベゾスがシアトルのガレージでアマゾンを設立して以来、この原則からブレたことは一度もなく、今後もブレることはないでしょう。

長期的なビジョンを持ち、そのビジョンに到達するために、今やらなければならないことは何かを考え実行する――私たちアマゾニアンたちは、この考え方を**「Thinking Backward.（逆算して考える）」**と呼び、大切にしています。

ただ、アマゾンのビジョンは、時間軸やスピード感、スケール感が他の企業のそれ

お客様視点：シンキングバックワード

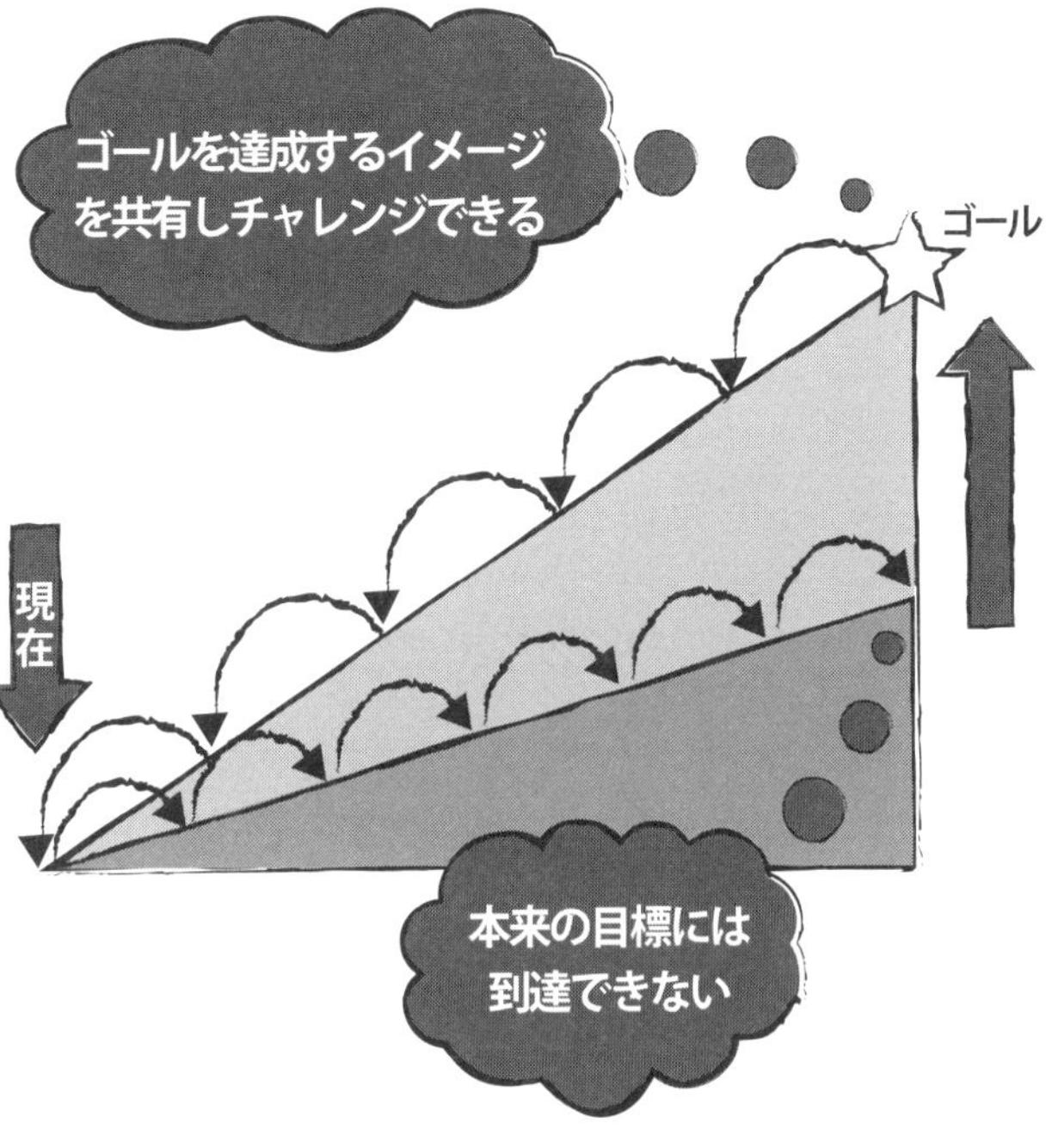

とは異なります。そのため、何か新しいサービスを発表し実行しようとすると、奇をてらっているように思われがちです。

まったくそんなことはありません。それどころか、すべての事業活動が、まるで1本の線の上に乗っているかのように感じられます。

「ドローン配送」も「プライムナウ」も必然のサービス

例えば、**「ドローン配送」**のアイデア。

日本でも最近「トラックドライバーの2020年問題」と呼ばれニュースになっていますが、アマゾンでは以前から、「トラックで配達員が持っていって玄関先で『はいどうぞ』と手渡す時代は、慢性的な人手不足によって近々なくなるだろう」ということがイメージされていました。

何とかしてラストワンマイル、つまり「商品をお客様の手元まで約束どおり届ける」という行為を遂行しなければいけない。逆算しながら「どうすればいいんだろうか?」と真剣に考えたとき、ドローンで配達するというアイデアが必然的に出てくるのです。

また、2014年にニューヨーク在住のアマゾンプライム会員を対象にマンハッタンでサービスを開始した**「プライムナウ」**。

欲しいと思った商品が少しでも早く到着することは顧客体験の向上につながります。「注文から1時間以内で商品を配送します」というサービス内容は、世間に大きな衝撃と喜びを与えました。

ただ、このサービスも、唐突に始まったわけではありません。逆算しながら着々と準備が進められてきました。

サービス開始以前にアマゾンは、エンパイアステートビルの向かい、マンハッタン34丁目にある、倒産したデパートを買い取っていました。買収当時、対外的には「ニューヨークの中心にあるので何かしら有効活用したい」と発表していましたが、その後倉庫に改装しました。

これなども、

・顧客体験を向上させたい

↓

・そのために「アマゾンナウ」というサービスを開始したい

↑

・そのためにマンハッタンに拠点を持ちたい

という**逆算の思考**が見て取れます。

アマゾンでは「Customers Rule!（お客様が決めるんだ！）」の下、時間軸が長く、スケールの大きなビジョンを掲げ、そこから逆算していきます。ですから、アマゾンの事業活動は、すべてが1つの線でつながっています。しかも、圧倒的なスピード感でやり遂げます。けれども、そのスピード感は、たくさんのアマゾニアンが力を合わせ、愚直に1つ1つ積み上げることで生まれているのです。

amazon's GREATEST RULES

失敗を恐れず挑戦し続けた結果、誕生した「シングルディテールページ」

アマゾンの成長を支える、1つの理由。それは、特異性、ユニークさです。

ここで言うユニークは「面白い」ではなく、「他と違う、異なっている」という意味になります。アマゾンのどんなところがユニークなのでしょうか？

最近ではドローンによる空からの配達を実用化したり、ロボットを使用して倉庫の管理をしたりなど、何かと世間を賑《にぎ》わせています。ビジネスモデルと共に、アマゾンのその強さを理解する上で非常に大事なものが「Our Leadership Principles」というものです。これは社内では「ＯＬＰ」と略して呼ばれており、日本語にすると「リーダーシップ理念」と呼ばれています。それらは14か条から構成されていて、アマゾンの社員なら非常に馴染み深いだけでなく、日々の業務と切っても切り離せないものです（ＯＬＰについては１０６ページから詳しく解説していきます）。
このＯＬＰの一文に**「Invent & Simplify」**というものがあります。Inventは「発明」と訳せばいいでしょうか。「何か革新的なものを作り上げる」ことが、アマゾニアンには求められているのです。

アマゾンを象徴する革新的な発明「シングルディテールページ」

現在、私たちが市場で目にできるサービスや商品は、すべて何年も前から種を植え、それが今ようやく花を咲かせています。

中には、実ることなく枯れてしまうものもあります。最近の失敗例を挙げるとするならば、米国で発売された「Fire Phone」というアマゾンオリジナルのスマートフォンです。鳴り物入りの発売でしたが、今では聞くこともありません。アマゾンは、多くの失敗といくつかの成功の積み重ねで、今の地位を築いてきたのです。

では、〝革新的な発明〟と呼べる**〝成功例〟**は、どんなものが挙げられるでしょうか？

成功例の代表が、アマゾンサイト上にある**「マーケットプレイス」**という機能です。

これはアマゾン以外の販売者が、商品を出品し販売することのできるプラットフォームのこと。新品だけでなく中古も販売できるので、「オークション機能」と言えばわかりやすいでしょうか。アメリカ、日本ともに2002年にスタートしました。

ただし、「マーケットプレイス＝オークション機能」というだけでは、〝発明〟ですらありません。**「Single Detail Page（シングルディテールページ）」**というフォーマットが誕生したことが**〝革新的な発明〟**と言えるのです。

それまで新品だけを販売していたアマゾンでしたが、ベゾスは「アマゾンサイト内に、中古品も売れる、個人が販売できるオークション機能を持たせたほうが、お客様は喜ぶだろう」と考えていました。

ただ、当時、オークションでは「eBay」というサイトが一人勝ちの様相を呈し、アメリカをはじめとした各国のオンライン中古販売市場を占めていました。アマゾンはオークション機能を設け、利用者を増やそうとトライしていましたが、なかなか利用者が増えず、すでに二度の手痛い失敗をしていました。また、社内外で「新品を小売りとして販売するアマゾンが、わざわざeBayと面と向かって戦うメリットはあるのか？」という声が大きかったのも事実です。

すでに二度の失敗をし、内外から「なぜ？」の声がある状況。普通に考えれば諦めて撤退するところですが、ベゾスは「お客様の利便性を考えると絶対に必要な機能だ」として諦めることをしませんでした。

その結果誕生したのが、**「シングルディテールページ」**のフォーマットです。

サイト「Amazon.co.jp」を見ると、必ず**「1商品1ページ」**となっていますよね。非常にシンプルな作りです。アマゾンを使い慣れているユーザーは、「1商品1ページ」というフォーマットがあまりにも自然すぎて、逆に何がすごいのかわからなくなっている人もいるかもしれません。ところが、非常に革新的なのです。

▒「1商品1ページ」という、お客様を混乱させないフォーマット

まず、「1商品1ページ」とし、「この商品に関する情報は、この1ページにすべて集約されている」としました。他のオンラインショッピングサイトでは、たとえ同じ

商品であっても、販売者によってページが分かれています。ですから、「1商品1ページ」という考え方自体がそもそも革新的なのです。

「この販売者が新品○○○○円で売っています」「この販売者が中古×××円で売っています」ということがひと目でわかるように表示する――「そんなページを作ったら新品が売れなくなるじゃないか」と危惧するのが、普通の感覚だと思います。

ところが、結果はまったく違いました。お客様にとっては、品揃《しなぞろ》えが劇的に増えたのです。「新品か？　中古か？」「高いか？　安いか？」「状態はどうか？」といったさまざまな掛け合わせによって、自分のニーズにぴったりと合う商品やサービスを見つけられるからです。

また、それまで別ページに設けられ、お客様にほとんど知られていなかった「マーケットプレイス」の存在が、「1商品1ページ」のフォーマットによって、ごく自然に、しかも確実に知られるようになったのです。

■お客様にとっていちばん有益な販売者（トップ）がショッピングカートを取れる

わかりやすく「1商品1ページ」と表現していますが、厳密に言えば、「1販売者だけがショッピングカートの付いたページに掲載される」「その他の販売者は、さらに1階層下のページに掲載される」となっています。

アマゾンのすごいのは、販売者を「アマゾン優先」、「それ以外の販売者は2番手以下」と優先順位付けしなかったことです。「お客様にとっていちばん有益なセラー（トップ）がショッピングカートを取れる」というルールを設け、セラーの競争原理が自然に働くようにしたのです。トップは、本体価格、配送料、配達にかかる日数など、さまざまな条件をアルゴリズムで解析した結果、決定されています。ですから、販売条件を変える、例えば「他社がウチよりも安い値段で販売しているぞ。ウチはもっと値段を下げよう」と価格を変更すれば、トップを取れる可能性があるわけです。

人間には「いちばん上に表示されるものがいちばん良いものだろう」という心理がありますから、オンラインショッピングでは、トップに表示されるのとされないのでは売り上げが劇的に変わります。しかも、アマゾンユーザーは、「トップ表示されているセラーが自分たちにとって、いちばん良い条件を提示している」と直感的に理解しているので、多くの選択肢があっても、やはりトップのものを選ぶ傾向が強いのです。

amazon's GREATEST RULES

舵《かじ》を切って成功したロングテール戦略

アマゾンの名前を知ったきっかけに「ロングテール戦略」を挙げる人は多いのではないでしょうか？　アマゾンが成功のロールモデルとして取り上げられたからです。

「Long Tail（ロングテール）」は、ニッチな商品群の売り上げの合計が売れ筋商品の売り上げを上回る現象のことです。アメリカの雑誌『WIRED』の編集長であったクリス・アンダーソンが提唱しました。それまでリアル店舗の世界では、「2割の売れ筋商品が売り上げの8割を占める」と言われてきました。ところが、売り場面積を気にする必要がないネット販売の世界では、その常識が当てはまらなかったのです。

「ネット販売の世界だからこそ可能」という考え方は、ジェフ・ベゾスに大きな影響

品揃《しなぞろ》え：ロングテール戦略

- 創業～2005 年までの在庫戦略→80/20 のルール
- 2006 年から在庫戦略の大きな転換→ロングテール戦略

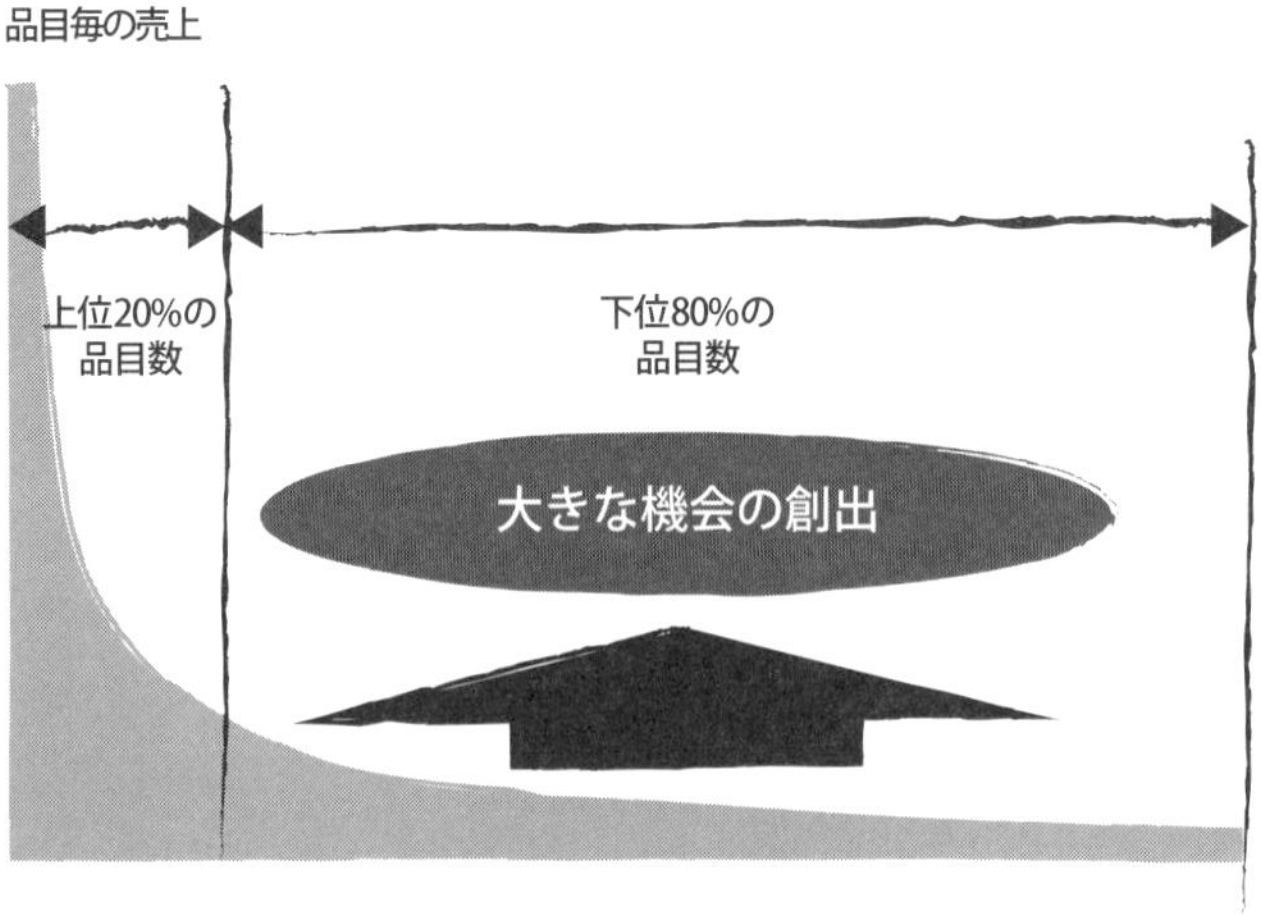

顧客データの分析
↓
下位商材へ多数の検索
↓
検索結果に基づいた在庫調達

を与えました。

そして、アマゾンは2005年を境に在庫の持ち方を大きく変化させました。それまではリアル店舗同様、80％の売り上げを構成する上位20％の商品に在庫を集中させていましたが、一気にテール商品を扱い始めたのです。


今でこそロングテール戦略の正しさは実証されていますが、非常に回転の悪い商品も在庫するわけですから、多くの人たちには「アマゾンはいきなりなぜそんなことを？」と思われていたはずです。

ただ、ジェフ・ベゾスには、**「品揃えを良くして顧客満足度を向上させれば、必ず売り上げは上がる」**という確信があったのです（76ページ参照）。当然ながら、今までのデータ分析をもとにロングテール戦略成功の手応えもつかんでいました。そのデータとは、「在庫なし」となっている本のページにアクセスしてきた人数などです。

例えば書店では〝死に筋商品〟と思われているような本でも、それを買いたくてアクセスしてくる人がいる。にもかかわらず、在庫がないためにしかたなく引き返す――その姿がデータ上ではっきりと浮かんでいたのです。

一気に30万タイトルの書籍を購入

アマゾンがロングテール戦略を打ち出し、アマゾン ジャパンでは一気に30万冊もの本を購入しました。私は仕入れ担当からオペレーション担当に移った年だったので、買い付けは私の後任の人間が行いました。

ほぼ1冊ずつの購入だったので、「30万冊購入＝30万タイトル品揃えが増えた」わけです。購入の際は、事前にデータ分析をして、「このあたりのタイトルが欲しい」というリストを送り、取次さんに集めてもらったそうです。

千葉県・市川に2つめの倉庫を新設し、キャパシティーが増えたタイミングでした。私は入荷の責任者として、膨大な量の書籍が到着する光景を目にしました。

とはいえ、通常の入出荷作業の手をゆるめるわけにはいきません。次々と到着する書籍をとにかくいったん倉庫へ入れ、倉庫のメンバーと一緒に時間を見つけて整理していきました。

ちなみにアマゾンでは、品揃えを増やすことはあっても減らすことはありません。

「一度商品ページを設けたら、この世から商品が消えるまで扱う」という考え方です。

日本で1年間に発売される出版物の数は、7万タイトルなどと言われています。「売れそうにない本は取次という問屋さんを介して出版社にすべて返品できる」というのが再販制度の特徴なのですが、アマゾンでは「一度アマゾンに入荷した本は、たとえずっと売れなくても1冊以上在庫し続ける」のです。

ということは、出版物だけでも年間7万点近く（絶版になる書籍などを除いて）の商品が増えていくわけです。世の中の、どの取次、どの書店よりも、大量かつ多種の在庫をアマゾンは持っています。

アマゾンが次々と倉庫を建設している理由を、ご理解いただけるのではないでしょうか。

amazon's GREATEST RULES

Still Day One. 第1章が始まったばかり

「Amazon.co.jp」が立ち上がって半年ほど過ぎた2001年6月、音楽と映像商材のストアが立ち上がりました。その際にジェフ・ベゾスが来日し、全体会議「All Hands（オールハンズ）」が開かれました。

会場は、当時の本社のあった渋谷クロスタワーにほど近い、イタリアンレストラン。そのときに集まっていた社員は70~80人ほどだったと思います。今では直接話を聞くのが難しい〝雲の上の人〟のような存在になってしまいましたが、まだベゾスとの距離も近い頃の話です。恒例の質問コーナーで、1人の社員がこのような質問をしました。

「ジェフは自叙伝を書く予定はないんですか？」

すでにその当時、ビジネスで大きな成功を収めていた経営者ですから、成功までの道筋を本に残すのはごく自然なことのように私たちは思っていました。けれどもベゾスの回答は、我々の期待を良い意味で裏切るものでした。

「はーっ、はっ、はっ（ベゾスの笑い方は非常に特徴があり、そのときもその笑い方をしていました）、そういうオファーがないわけではないよ。

でも、僕は自叙伝なんてとても書けないよ。だって、まだ何も始まっていないんだから。

アマゾンの今までの過去を普段の生活に例えるなら、僕は目覚ましが鳴ってようやく目を覚まし、やっとのことでベッドの上に起き上がった……それくらいの状態なんだよ。

これから着替えもしなきゃならないし、歯も磨かなければならない。朝ごはんを食べて車のエンジンをかけて会社に向かう――そんな状態の僕が、どうやって自叙伝なんて書けるんだい？　もし書くとしても、まだ第1章すら書けないんだよ。

アマゾンは、まだ始まったばかり――**Still Day One.（まだ1日目）**なのさ」

この「Still Day One.」という言葉は、アマゾンではよく聞かれる言葉です。何か大きな目標を達成したときに、私たちは必ず「But Still Day One!!でもまだ1日目が始まったばかりだけどね」と言うのです。

実際、私たちもよくこの言葉を使いました。新しい倉庫が1つ完成し、入出荷を開始する日——さまざまな準備を積み重ね、この日を迎えます。オペレーション部門の人間にとっては、実に感慨深い瞬間です。けれども、感慨に浸っていられるのは、ほんのつかの間。稼働させる中でさまざまな工夫を施しながら、倉庫を軌道に乗せなければならないからです。私はそんなとき、喜びを共有するため、そして自分たちの気持ちを引き締め、鼓舞するために、仲間と一緒に「Still Day One!!」と言い合いました。

アマゾンにとって、「今日」という日は明日以降の未来が始まる1日目にすぎないのです。

第2章

アマゾンの飛躍的な成長を支える

ビジネスモデル

アマゾンの成功を加速させる、
シンプルなビジネスモデル。アマゾニアンの
使命は、このモデルを加速させることです。

RULES

グローバル・ミッションの2つの言葉 Customer ExperienceとSelection

アマゾンには、「Global Mission（グローバル・ミッション）」と呼ばれるものが存在しています。創業時より変わらず、世界中のどの組織に行っても共通のものです。日本の企業における「社是」のようなものなのですが、社是よりもより深いところで、幹部社員のみならず一般の社員にも広く理解されているものです。

グローバル・ミッションの中で取り上げられているのは、2つの言葉です。

1つは**「Customer Experience（カスタマー・エクスペリエンス）」**、もう1つは**「Selection（セレクション）」**です。

私たちアマゾニアンは、この2つの言葉をまるでマントラ（呪文）のように、ことあるごとに耳にし、自分自身でも口にしてきました。

地球上で最もお客様を大切にする企業であること（＝カスタマー・エクスペリエンス）

「カスタマー・エクスペリエンス」は、日本語に訳すと「顧客体験」あるいは「顧客満足」という意味です。

お客様がアマゾンでものを買ったり、アマゾンのサービスを利用することで、「得した」という感情だけではなく、**「ハッピーだ」「楽しい」と思える体験**ができる――そういう環境を作り続けていくことが、アマゾニアンの目指す「カスタマー・エクスペリエンスの向上」です。会議の席では「これってカスタマー・エクスペリエンス的にはどうなの？」といった使い方をしていました。

日本ではよく「お客様は神様です」という表現を使います。東京五輪招致の際に使われた言葉「おもてなし」も、お客様を大切に思う気持ちから出てくる言動を総称した言葉ですね。お客様を最も尊い存在である神様になぞらえて大切に思う気持ちは、日本人の心の中に深く刻まれているのかもしれません。

ただ、実際に今この言葉を実践している企業は、どれくらいあるのでしょうか？

現場で飛び交う言葉は「売り上げ」「利益」、会議の場では「そんな儲からないことやったって意味ないじゃないか！」と非難されることもよくあると思います。

もちろんアマゾンも、例外ではありません。利益率を確保することは営利企業として、また株主への責任という意味で必要なことです。

しかしアマゾンでは、そこに至る過程が少し異なります。

新規事業や新規プロジェクトの検討をしているときに必ず聞かれる言葉、それは、

「お客様はそれによって喜んでくれるの？」

「それはお客様にとって本当に価値があるの？」

という質問だからです。

もしも質問に「ＹＥＳ」で答えられない事業や企画は、その時点で中止となります。

例えば、巨大なコスト削減ができる入荷方法だが、その方法を導入すると商品到着が1日遅れる——となったら、アマゾンでは絶対に「YES」はあり得ません。たとえそれが大きな利益をもたらすものであったとしても、お客様を犠牲にするような選択は、アマゾンは決してしないのです。

常にお客様の視点から考え、お客様にとって最も価値のある選択を積み重ねていく。これこそがアマゾンがここまでの巨大企業に成長できた、最も大きな要因です。

地球上で最も豊富な品揃え（＝セレクション）

「オンライン上で求められるあらゆるものを探し、発見でき、購入できる場を創ること」というのが、セレクションに込められた意味です。

皆さんご存じのとおり、アマゾンは書籍販売から始め、現在ではどんな百貨店やスーパー、ホームセンターや家電量販店よりも豊富な品揃《しなぞろ》えを誇っています。

また、その多くを巨大な倉庫群に実際に在庫し、いちばん早くて1時間（アマゾンプライムナウの場合）、通常でも1～2日で届けます。

現在でもその商品群は拡大しており、アメリカや日本ではすでに生鮮食料品までをも玄関先まで運んでくれます。アメリカのアマゾン本社では「アマゾンだけで1か月間100％生活できるか？」というチャレンジまで行われました。残念ながら私は結果を知る前に退社したのでわかりませんが、成功したに違いありません。

「お客様が選べる」のは、何も商品だけではありません。プライムナウの1時間配送や当日お急ぎ便に代表される**配送方法**や、クレジットカード払いや代引き払い、コンビニ払いなどの**支払い方法**、自宅配送やコンビニ受け取りなどの**受け取り方法**……さまざまな選択肢が存在しています。

余談ですが、代引き払いは、アマゾン ジャパンがシアトルのアマゾン本社に掛け合って2001年に実現しました。アメリカでもヨーロッパでもクレジットカードで支払うことには抵抗がありません。そのため、アマゾン ジャパンでも立ち上げから1年間は支払い方法がクレジットカード決済だけだったのです。

ところが、代引き払いの機能が存在しないことで、特に関西方面のアマゾンサイトの使用率が伸び悩んでいたのです。関西、特に大阪では「物が届く前にお金を取られてしまうのはおかしい」という文化があるという話を聞いたことがあります。

伸び悩みの原因と思われるメンタリティーを、私は上司と共に、アメリカ本社に対して説明を行いました。「関西のユーザーを増やしたいなら、支払い方法の1つとして代引き（Cash On Delivery＝COD）を持たなければならない」と。

その流れの中で、私はCOD導入のプロジェクトマネージャーとなりました。


とはいえ、CODはアマゾン初の支払い方法ですから、どのようなシステムを追加するのか、お金の回収はどのような期限でどのように行うのか、といったさまざまな「ルール決め」が必要となります。

まず、システムの変更に関しては、すべてアメリカで行います。シアトルに乗り込んで技術者と話し込み、最終的に導入してもらいました。

また、お金の流れについては、代金回収をしていただく配送業者さんとの交渉・調整となります。回収した代金がアマゾンに入ってくるまでの流れをすべて決めました。

最も難航したのは、配送業者さんに「回収したキャッシュを数日でアマゾンに振り込んでください」というお願いを了承してもらうことでした。

現在の状況はわからないのですが、当時アマゾンはクレジットカード会社と「商品が売れた数日後にクレジットカード会社から代金が支払われる」という契約を結んでいました。わずか数日というのは、おそらく最短の期間でしょう。クレジットカード会社からの手数料はその分高く取られていると思いますが、アマゾンは「金額」よりも「キャッシュ化されるスピード」を優先していたのです。

ところが、日本の商習慣は基本的に「末締め翌月末払い」などです。アメリカのアマゾン本社としては、クレジット払いでキャッシュが入ってくるタイミング（数日後）と日本の商慣習でキャッシュが入ってくるタイミング（数か月後）のズレを懸念していました。そのため、「数日後にキャッシュで払ってほしい。万が一、不在などで配達完了できない場合も、代金回収する前提で我々に先払いをお願いします」と頼んだのです。最終的に配送業者さんの了承を得て、大きな安堵《あんど》感を覚えました。

当然ながら、アマゾン社内の経理の人たちにもさまざまな仕組みを作って対応してもらいました。

その結果、ＣＯＤというセレクションを１つ増やすことができたのです。

「選択肢が少ないより多いほうが好きでしょう！」

ではなぜアマゾンは、こんなにもセレクションにこだわるのでしょうか？
ジェフ・ベゾスは非常に単純明快な回答をします。

「Because anyone living in this world likes more selection rather than less selection!（だって、世界中どの国の人も、選択肢が少ないより多い方が好きでしょう！）」

カスタマー・エクスペリエンスとセレクション――この2つの言葉を目にするたび、思い出す光景があります。

アマゾンでは「All Hands（オールハンズ）」と呼ばれる全社員参加の集会が開かれます。四半期ごとに定期的に行われる他、本社から上級役員が訪れたときなどにも開催されており、会社の業績発表や新規事業の紹介、新規に入社した社員の紹介などが行われます。

それは、2001年、アメリカからシニア・ヴァイス・プレジデント（SVP）が訪日した時に開催されたAll Handsでした。その会議の場で、「立ち上げを指揮した社長が新たな道を選択しアマゾンを辞める」という発表がなされたのです。

急な社長の退任という話で、私たちは自分たちの方向性を見失ったような感覚に陥り、社員たちに明らかな動揺が走りました。

そして、ある社員が、その上級副社長に質問しました。

「我々は何を目指して仕事をすれば良いですか？」

すると、その上級副社長は言いました。

「君たちが常に焦点を当てなければならないのは『カスタマー・エクスペリエンス』と『セレクション』だよ」。

では、カスタマー・エクスペリエンスを向上させ、セレクションを増やすことに、なぜアマゾンがここまでこだわるのでしょうか？

それは、アマゾンの秀逸なビジネスモデルの根幹を構成する、大切な要素となっているからです。ビジネスモデルについては、次項で詳しく説明していきます。

amazon's GREATEST RULES

ナプキンに書いたVirtuous Cycleとは？

絶え間ない成長を遂げる、アマゾン。その成長は、創業時に確立されたビジネスモデルが秀逸であったからと考えるのは、おそらく間違った考えではないと思います。今まで多くの企業が、ネットビジネスに参入し、そして消えていきました。そんな中で生き残っている企業のほとんどが、他を圧倒する、独自性のビジネスモデルを持っています。

では、アマゾンのビジネスモデルは、どんなものなのでしょうか？
何がアマゾンを、これほどまでに強力な企業へと押し上げたのでしょうか？

アマゾンのビジネスモデルを表す
「Virtuous Cycle（バーチャス・サイクル）」

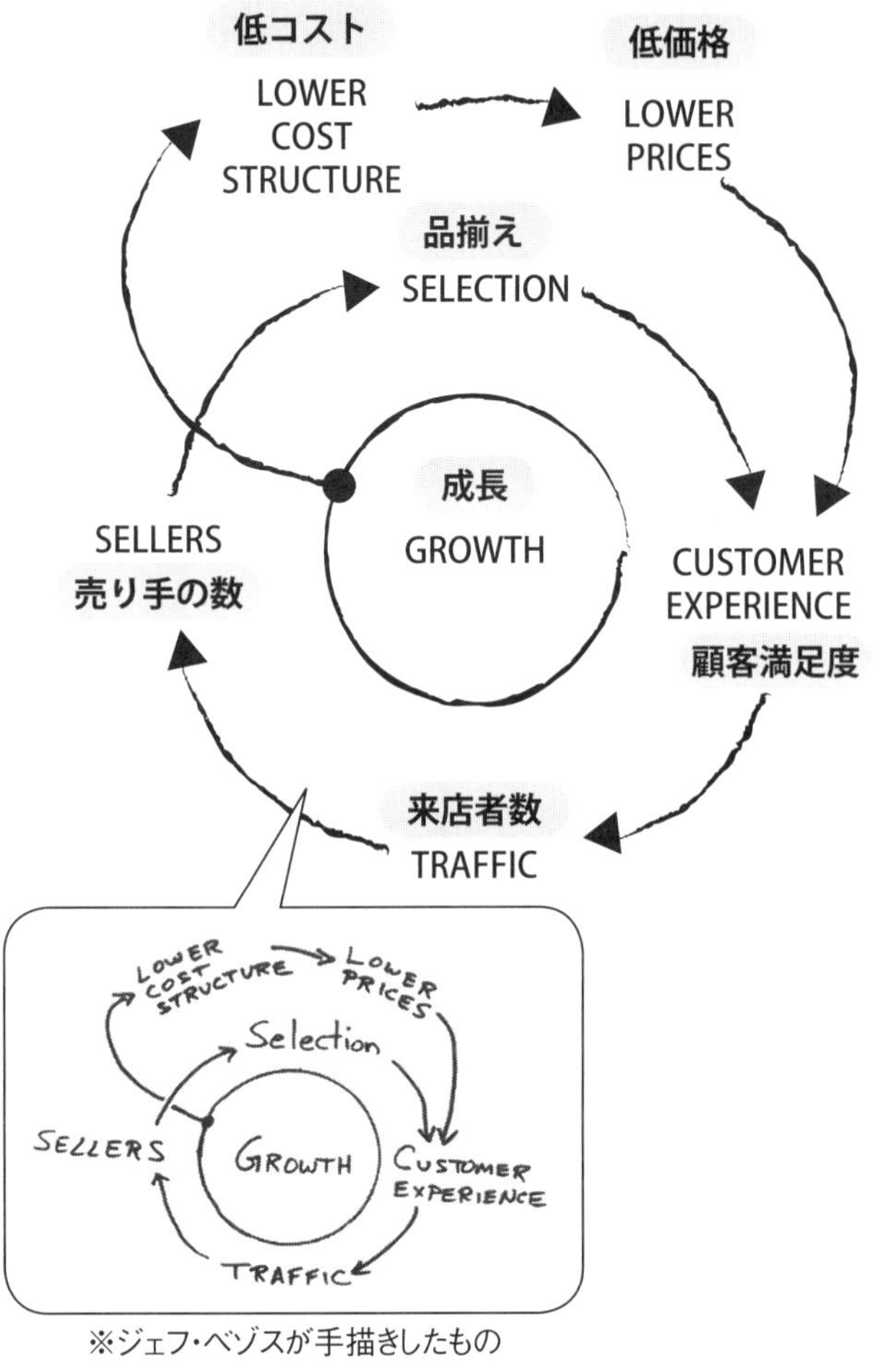

※ジェフ・ベゾスが手描きしたもの

ジェフ・ベゾスがレストランで投資家と食事をし、「アマゾンのビジネスモデルを教えてくれないか？」と問われた際、ひざかけのナプキンに描いた1つの図――。これがすべてを語っています。それは**「Virtuous Cycle（バーチャス・サイクル）」**と呼ばれ、Global Mission（76ページ参照）を含む、アマゾンのビジネスのフレームワークが記されています。

内容を詳しく見ていきましょう。

右の図（86ページ）は、ジェフ・ベゾスの直筆と言われているVirtuous Cycleです。中心に「Growth（成長）」が位置し、その周りを6つの主要素が取り囲むように描かれており、それぞれの要素を矢印が結んでいます。

矢印は双方向ではなく一方通行で、それぞれの要素がどの要素によって拡大化されているかがわかります。まるで、連鎖反応が1つの閉鎖された空間で次々と起こり、反応の結果である「Growth（成長）」を継続的に拡大させているようです。

実はアマゾンの驚異的な成長は、すべてがこの図で予言されていたものであり、かつ今後の成長も、このビジネスモデルを継続する限り保証されている――そう言っても過言ではないくらい、完成されたものなのです。

では、それぞれの要素に関して、1つずつ詳しく見ていきましょう。

Selection

～品揃え～

これに関しては言わずもがなですね。ベゾスが絶えず口にしていたとおり、「お客様にとって選択肢は多いに越したことはない」からです。

では、実際アマゾンが、そのビジネスモデルで求める「セレクション」とは何を意味しているのでしょうか？

第一に**「商品の豊富さ」**です。アマゾンでは、それぞれの商品の情報を「カタログ」と呼びますが、「カタログ数をいかに多く揃えられるか？」が、まずは始まりです。

その商品が流通していて、それを欲しいお客様が1人でもいるなら、それはカタログに入っているべきなのです。

加えて、カタログができた後は**「その商品がすぐに購入できるか？」**が重要になります。私もサプライチェーン管理部門に所属の際、何度も検証をしてきましたが、やはり商品の入手性によってお客様の購買意欲は大きく変化します。つまり、在庫があるのとないのでは、お客様がショッピングカートに商品を入れる確率が大きく違うのです。

つまり、**「カタログ」**と**「Availability（入手性）」**が非常に重要なのです。

ちなみにアマゾンは、2005年を境にその在庫の持ち方を大きく変化させました。それまでは「80／20」のルールに基づき、80％の売り上げを構成する上位20％の商品に在庫を集中させていましたが、この年以降は在庫量を増大させたのです。それが世の中に知られる「Long tail（ロングテール）」です。

より多様化するお客様のニーズに応えるため、非常に回転の悪い商品も在庫することにしたのです。

これによって、顧客満足度は当然ですが向上します。どこを探しても見つからなかった商品がアマゾンで検索すると発見でき、しかもすぐに購入できる……こんな素晴らしいことはないですね。

Customer Experience
～顧客満足度～

多数の商品、多様なサービスによる最高の購買体験によって、お客様の満足度は一気に上昇します。アマゾンで発見する喜びやそれが満たされたときの感動は最高の経験としてお客様の記憶に深く刻まれます。

そのような体験をすると、次に何かの購入をしたいとき、アマゾンがその選択肢の1つになっていくのです。わざわざ何軒ものお店を渡り歩き、結局欲しいものが見つけられずに家に帰るという、今までの最悪な体験をすべて塗り替えてしまうのですから当然です。

しかし、これは諸刃《もろは》の剣でもあります。

なぜなら、期待が大きい相手ほど、裏切られたときの失望感は大きくなるからです。最高の体験をしたアマゾンが一度でもお客様の期待を裏切ってしまえば、お客様の心は離れて、すぐには戻って来てくれないのです。

ですからアマゾンは、このCustomer Experienceの向上に非常に気を使っています。常に顧客目線で考えるのも、こうした顧客心理をよく理解した上でのことなのです。

アマゾンでのショッピングを、素晴らしいものだと体験したお客様の心から湧き上がるものは何でしょうか？

「この感動を誰かに伝えたい」という欲求です。

つまり、「口コミ」が始まります。

Traffic
～来店者数～

「Traffic」は、ここでは「来店者数」「来客数」という意味で使われています。
アマゾンでの最高の経験によってたくさんの口コミが発生し、その結果、多くの新規顧客がアマゾンに訪れるようになります。

SNSなどで、あなたの友人が「やっと見つかった！」と投稿しているのを目にしたことはありませんか？　入手困難な商品を手に入れたときの喜びを、その商品の写真と共にアップしている投稿です。人として、きわめて当然の心理と言えます。人のニーズは、細分化が進んでいます。稀少性の高いもの、入手困難なものほど、手に入れたときの喜びは大きくなりますが、多様なニーズに応えられるロングテール商材を持つアマゾンが、その際の購入先である可能性はきわめて高いと言えます。

そして、友人の投稿を目にし関心を示した人が、コメント欄などを使って「どこで入手したの？」と質問するのも当然の心理です。投稿者から「アマゾンで」と言われ、自分が前から欲しかった、入手困難だった商品をたくさん購入できたならば、その喜びはSNSに投稿されます。

つまり、**「最高の体験による口コミ」は、連鎖しながら次々に拡散**していきます。強大な集客エネルギーとなり、どんどん人が集まっていきます。その結果、アマゾンが大きな賑《にぎ》わいを見せているのです。

Sellers

～売り手の数～

多くのお客様が集まる商業施設と言うと、ショッピングモールやアウトレットモールを思い浮かべる方が多いのではないでしょうか。最近は、その規模も年を追うごとに巨大化し、1日ではとても回りきれないほどの巨大なショッピングモールも存在しています。多種多様な店舗が展開されていて、多くのお客様がそのセレクションの多さを楽しんでいることでしょう。

では、なぜこれほど巨大なショッピングモールがオープンしているのでしょうか？
お客様が自ら巨大なショッピングモールを望んだのでしょうか？

それは「お客様」のニーズというよりも**売る側、つまり「店舗側」のニーズ**によるところが大きいのです。

多くの来店数が期待される場所に自分たちの店舗を出したいと思うのは、ごく自然な感情。その結果として、巨大なモールが誕生しているのです。

これは何もリアル店舗だけの話ではありません。ネット上でも、まったく同じです。より多くの来店者数を誇るサイトで自分の商品を販売したい、店舗を持ちたいと思うのは当然な話です。

また、自分では販売しなくても、自分の作っている商品をそのサイトに仕入れてもらって販売を拡大しようと考えるメーカーの心理も自然なものでしょう。

ですから、巨大な集客を誇るアマゾンには多くの「Seller（販売者、メーカー、卸売業者など）」が集まるのです。Sellerが増えれば、アマゾンのサイト上に、ますます多くの商品が陳列され、さらにセレクションが強化されていく。すると、お客様は自分の欲しいものがさらに探しやすくなる……。

つまり、SelectionからSellerまでが数珠つなぎとなり、それぞれが単体で拡大していくことで他に影響を与え、車輪のようにグルグルと回りながら成長を支えているのです。

Low Cost Structure
～低コスト～

もう1つ、この「Virtuous Cycle」の動力源となっているのが、これから説明する「Low Cost Structure」です。「より低価格を実現するための仕組み」といった意味です。

ベゾスの直筆した図では、「Low Cost Structure」への矢印は「Growth」から出ています。成長し、企業規模や流通量が多くなるとスケールメリットが出るため、低コスト体制が作れます。その魅力的なコスト体制が、より多くの「Seller」を集め、より多くの「Selection」につながっていくわけです。

もう1つ、売り手がたくさん集まると起きる現象があります。それが**「競争」**です。アマゾンのショッピングサイトでは、より多くの販売に結び付けようと、販売者間での競争が起こる構造が徐々に作られていきます。

アマゾンの商品詳細ページを見ると気づくと思いますが、1つの商品に複数の販売者が表示されています。これを「シングルディテールページ」と呼びます（「シングルディテールページ」については61ページから詳しく解説しています）。Sellerは、その商品の個々の販売価格や入手度によってランク付けされ、**お客様にとっていちばん有利な販売者がショッピングカート付きで表示される**のです。

この「ショッピングカート」を取るか取らないかは、売り上げに天と地ほどの開きを生みます。よって多くの販売者は価格を調整したり、在庫を潤沢に持ったり、送料を無料にしたりなどさまざまな努力を行っていきます。これはアマゾンがそうしなさいと強いているわけではなく、お客様主導の市場原理が働き、自然とそのような競争が起きているのです。

競争を自然と生み出す構造は、販売価格だけにとどまりません。多くの来店者があるサイトですから、多くの商品が販売できる可能性が高くなります。そうなると仕入れ数も大量になり、大量仕入れによる値引きや、卸売業者間での競争で仕入れ価格が低減できるのです。

アマゾンは、こうして得た利益を販売価格に反映させるという基本戦略を取っています。ですから、より安い販売価格でお客様にご提供できるのです。

このように、多くの販売者が集まることで、より低コストでの構造が実現できます。それは、次の「Lower Prices」、低価格に続いていくのです。

Lower Prices
～低価格～

顧客主導の市場原理、仕入れコストの低減による利益の還元……これらによってアマゾンでは、どこよりも低価格で商品提供が行われるようになっていきます。

同一の商品ならば、安いほうが良いに決まっています。これは、世界共通の認識です。

「今までなかなか手に入らなかったものが、どこよりも安い値段で手に入れられる」この状況を喜ばない人など、誰もいないと思います。

つまり、**低価格は、セレクション同様に顧客満足度を飛躍的に向上させる**ものなのです。

こうしてできた分かれ道――Growthから続く低価格への道筋も同様に、アマゾンの成長を促す動力源としてさらに成長を加速していくのです。

「イノベーション」を足した上司

ちなみに私の上司で現在アマゾン ジャパンの社長を務めるジェフ・ハヤシダはVirtuous Cycleにもう1つ「Innovation」という項目を追加し、「Customer Experience」に矢印を向けていました。

例えば、電子書籍というセレクションが増えたのは、「本を電子端末で読む」とい

Virtuous Cycle にプラスされた
「INNOVATION」

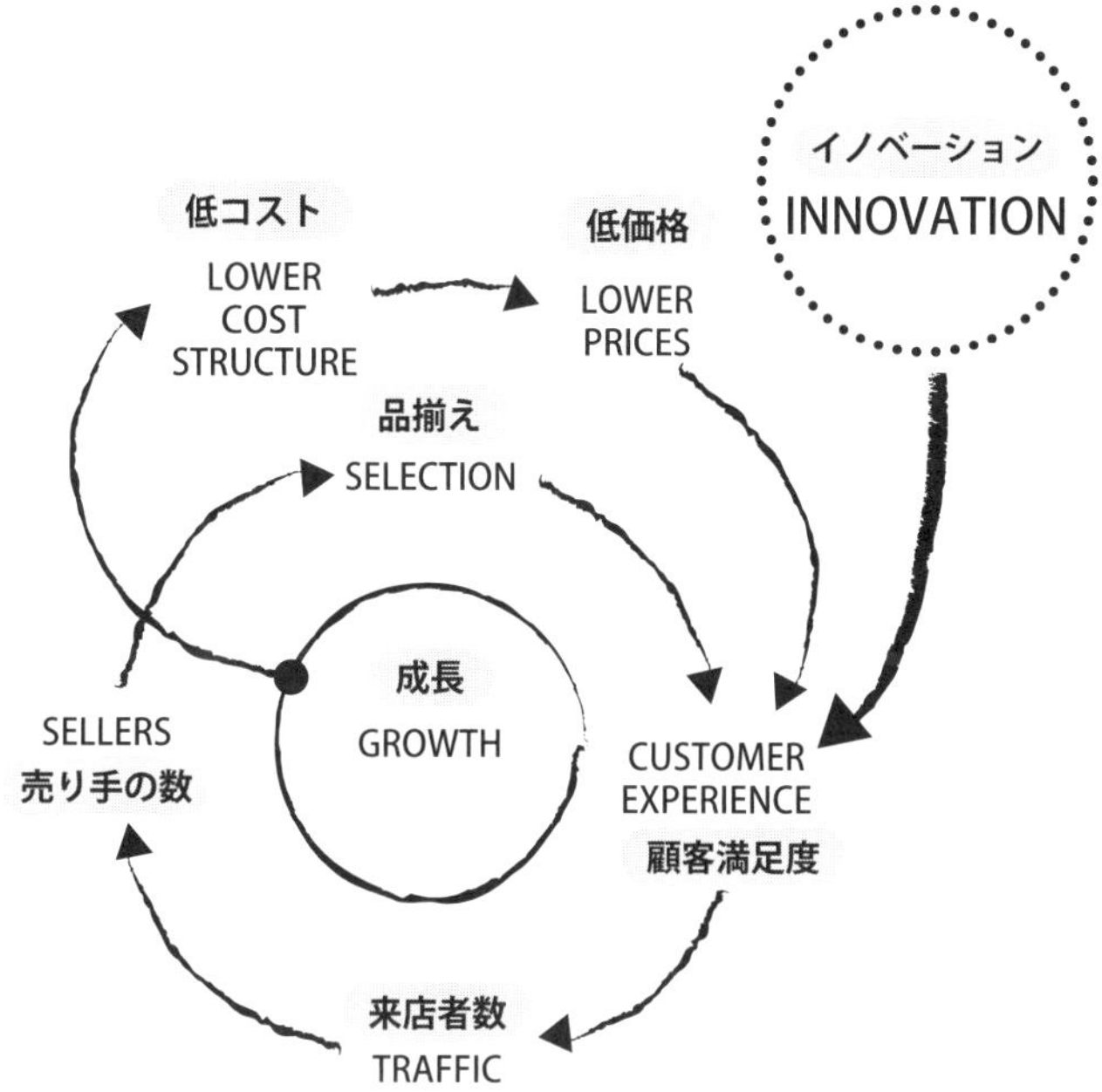

う技術的なイノベーションを実現できたからです。

なぜ、アマゾンはたった1日で商品を届けることができるのか？

それは、イノベーションという連続階段を上り続けた結果です。

「イノベーションはセレクションと同じくらい今後ますます重要なものである」ということを、上司は私たちに強調したかったのだと思います。

ジェフ・ベゾスはことあるごとに「イノベーションの種は絶えず植え続けていなければいけないのだ」と言っていました。

アマゾンに限らず、どの企業でも、創業初期に入社し自ら種を植えた人間は、イノベーションの重要性が体に染みついています。けれども、種が花開いてから参加した人間は、危機感をなかなか持てず、イノベーションを起こせなくなる傾向があります。

「既存の概念にとらわれず、革新的なことをやりなさい」というベゾスからの絶え間ないメッセージは、アマゾンの成長の1つの原動力となっています。

秀逸なビジネスモデルを愚直に回し続ける

こうして見てくると、いかにアマゾンのビジネスモデルが秀逸であるかがわかります。

ただ優秀なビジネスモデルが存在するだけでなく、それを日々愚直に実践し結果を出しているのがアマゾンなのです。

私も15年間のアマゾン勤務時代、よくこのモデルの存在を認識することがありました。

私の最初の仕事は仕入れ関連でしたので、最初の頃は仕入れ交渉もなかなか厳しい状況でしたが、アマゾンの利便性による集客が機能し始めると途端に風向きが変わり、仕入れ交渉が少なくとも同じ土俵の上で話せるようになっていきました。

そのきっかけになったのはアマゾンのユーザー数や、それぞれのメーカーの商品の販売数を開示させてもらったときでした。

その販売数もさることながら、特に先方の目の色が変わるのは、他の店舗では到底売れない、いわゆる **〝死に筋〟の商品たちがアマゾンでは売れていた**という事実をお見せする瞬間でした。明らかに先方の動揺が伝わってきて、今までとは違う向きからの風が吹き始めた瞬間でした。

このようにアマゾンは、秀逸なビジネスモデルによって日々成長を続けています。私もよく取引先さんなどから「あのビジネスモデルだったら、誰がやっても勝てるよ」と言われました。実際にビジネスモデルを駆動させているのは人間ですから極論ではあるのですが、多くの人が思わず口にするほど、実によくできたビジネスモデルなのです。

私はときおり「なぜこんなにも多くの人が、誤解を受けやすい人物であるジェフ・ベゾスに、そして誤解を受けやすい会社であるアマゾンに惹《ひ》かれるんだろう?」と考えました。その答えはおそらく**「何年も前に言っていたことがすべて実現しているから」**です。私は、社内という〝特等席〟から、ベゾスの予言が次々と現実化するようすを目の当たりにしてきました。予言的中の最大の原動力になっているのが、揺るぎないビジネスモデルなのです。

Column

アマゾンのキャッシュフロー

実は、アマゾンは非常にキャッシュフローの良い会社です。

なぜなら、82ページでお話ししたように、お客様からの購入代金は数日後にクレジットカード会社や代引き料金回収をした配送業者さんから入ってきます。その一方、仕入れ代金は、日本の商慣習に倣い、請求書の日付から30日後、60日後などで行っています。つまり、**「入り」と「出」の間に、何十日ものタイムラグがある**のです。

BtoBのビジネスでは、こうはいきません。健全なキャッシュフローを築けている源泉は、入りは「BtoC」、出は「BtoB」であるところによるのです。

この数十日のタイムラグを利用して、キャッシュを別のものに投資する。そして、莫大《ばくだい》な利益を生むことは、彼らにとっては簡単なことだと思います。ジェフ・ベゾスはもともとウォールストリート出身ですし、アマゾンにはファイナンス（財務）出身の数字に強い人間が勢揃いしていますから、投資で莫大な利益を得ることができるでしょう。もっともアマゾンは手にしたキャッシュをお客様に還元するためのアイデア実現に回していくので、投資運用に回しているという話は、今のところ聞いたことがありませんが。

ただ、現在のようにフリーキャッシュフローが潤沢な状態では、少なくとも金融機関から融資を受ける必要はありません。巨大な倉庫を新設しようと思い立ったときに、手元資金を使えるのです。

つまり、金融機関に金利を払う必要がありません。

これまでの設備投資の資金をすべて金融機関からの借り入れで行っていたら、そして今後の設備投資の資金をすべて金融機関からの借り入れでまかなうとしたら、金利だけでも莫大なものになってしまいます。その負担がなく、軽やかに動けるアマゾン。今後の成長スピードは、さらに加速すると思います。

amazon's GREATEST RULES

第3章

アマゾニアンの体内に流れる

リーダーシップ

アマゾンには14か条からなる
「リーダーシップ理念」が存在しています。
求められるリーダー像について詳しく解説します。

amazon's GREATEST RULES

Our Leadership Principles 略して「ＯＬＰ」14か条とは？

アマゾンの文化を語る上で決して外すことにできないものの1つに、**「Our Leadership Principles＝ＯＬＰ（リーダーシップ理念）」**があります。「S-Team」と呼ばれるジェフ・ベゾスとその直属の部下たちで構成されるチームで検討されたものので、アマゾンの社員であれば誰もが理解し、常に実践していくべきものです。

マネージャーとリーダーは、違います。

マネージャーは、**組織を管理する人**。一定の指標の中でしっかり管理する「役割」です。

対してリーダーは、**現状を大きく飛び越えて、その組織を引っ張り上げる人**。つまり、**「役割」以上の「生き方」や「あり方」**が必要なのです。

ＯＬＰは14か条からなっています。ほとんどの社員が入社時にその説明を受けていますし、社内のいたるところに貼り出されてもいます。アマゾン ジャパンの社員は、ＯＬＰが印刷された小さなプレートを、社員ＩＤと共に常に首からストラップでぶら下げています。アマゾニアンにとってＯＬＰは、肌身離さず携行する重要な存在です。

ＯＬＰは元々10か条でしたが、後に「Core Value（コアバリュー）」と呼ばれていたアマゾンの基本的な価値観と統合されました。その後、会社の成長と共に見直されていき、現在に至っています。

「リーダーシップ理念」という呼称なので、部下を持つリーダーが順守すべき理念と考えがちですが、そうではありません。

アマゾンの全社員が対象です。アマゾニアンは、この行動理念を意識し、実際に日常の業務の中で実践することを求められるのです。

実際、人事評価でも数値的な目標とは別にＯＬＰの観点からも評価が行われます（詳

OLP（リーダーシップ理念）14か条

①	Customer Obsession	顧客へのこだわり
②	Ownership	オーナーシップ
③	Invent and Simplify	創造と単純化
④	Are Right, A Lot	多くの場合正しい
⑤	Learn and Be Curious	学び、そして興味を持つ
⑥	Hire and Develop the Best	ベストな人材を確保し育てる
⑦	Insist on the Highest Standards	常に高い目標を掲げる
⑧	Think Big	広い視野で考える
⑨	Bias for Action	とにかく行動する
⑩	Frugality	質素倹約
⑪	Earn Trust	人々から信頼を得る
⑫	Dive Deep	より深く考える
⑬	Have Backbone；Disagree and Commit	意見を持ち、議論を交わし、納得したら力を注ぐ
⑭	Deliver Results	結果を出す

しくは168ページから解説します）。例えば、上司が部下の評価をする際は、「彼or彼女が具体的にどのような行動でOLPを実践したか」を具体化するわけです。アマゾンでは常日頃から、上司も部下もOLPを意識した行動や発言が求められているのです。

ちなみにOLPは、採用面接の際にも利用されています（詳しくは146ページから解説します）。**アマゾンにとって採用面接とは「採用候補者が過去の仕事の中でどのようにOLPを発現してきたか？」を深掘りする行為**に他なりません。

つまり、アマゾンでは、その人物が持つスキルや実績だけで採用されることはなく、その人物がアマゾンの成長を加速することができるかという観点で進められ、その重要な判断基準となるのがこのOLPなのです。

OLPはアマゾンの採用ページにアクセスすれば誰でも閲覧できますが、ここではそれらを少しだけ深掘りし、実際のエピソードなどを交えてお話ししたいと思います。

① Customer Obsession

～顧客へのこだわり～

リーダーはカスタマーを起点に考え行動します。カスタマーから信頼を獲得し、維持していくために全力を尽くします。リーダーは競合に注意を払いますが、何よりもカスタマーを中心に考えることにこだわります。(アマゾンwebsiteより引用)

これはもともとコアバリューと呼ばれていた、アマゾン社員が当然持たなければならない価値観の1つ。地球上で最もお客様を大切にするアマゾンで、なくてはならない姿勢です。常にお客様の視点で考え行動をする。「競合に勝つために」「国内シェアトップになるために」などという視点は、お客様のことに夢中になっているアマゾン社員にとっては必要ないものなのです。

② Ownership
～オーナーシップ～

リーダーにはオーナーシップが必要です。リーダーは長期的な視野で考え、短期的な結果のために、長期的な価値を犠牲にしません。リーダーは自分のチームだけでなく、会社全体のために行動します。リーダーは「それは私の仕事ではありません」とは決して口にしません。（アマゾンwebsiteより引用）

アマゾンの社員には、常に経営者としての視点が求められます。「自分の仕事が楽になるから」などの理由で、より大きな目標が遅れてしまったり、必要な成果が出せなかったり……ということが起きないように、常に考えなければなりません。すべての社員がビジネスオーナー（事業責任者）としての視点を持つことが重要なのです。

中には「えっ、一社員にジェフ・ベゾスと同じ責任を求めるのか？」と驚く人もいるかもしれませんね。決して、そういう意味ではありません。全員が自分の関わるプロジェクトに主体性を持って取り組み、他人事ではなく自分事と考えて行動するという意味です。この意識を持ちながらお互いが行動し合うことで、ムダな作業やムダな出費はかなり抑えられ、効率アップにつながります。その効果は、実際に私が体感しています。

このOwnershipは、社員の評価や新規採用の評価の際に重要視されます。たとえ14か条の他の項目で秀でていても、Ownershipに欠ける人物は高い評価を得られません。職位や立場を超えて、主体的に行動できる人こそがアマゾンには必要だからです。

では、なぜOwnershipが重要視されるのか？

その理由は**「成長スピードの速さ」**だと私は考えます。多くのプロジェクトが同時進行で行われ、それに加えさまざまな問題解決を迫られる環境で、「あっ、それは私の仕事ではないですから」と皆が言いだすと、何も進まなくなってしまいます。たとえ自分に直接関係ない事柄であっても、気づいたことがあれば担当者に伝えたり、ときには一緒に解決策を考える姿勢が大切なのです。

③ Invent and Simplify
～創造と単純化～

リーダーはチームにイノベーション（革新）とインベンション（創造）を求め、常にシンプルな方法を模索します。リーダーは状況の変化に注意を払い、あらゆるところから新しいアイデアを探しだします。それは、自分たちが生み出したものだけには限りません。私たちは新しいアイデアを実行する上で、長期間にわたり外部に誤解されうることも受け入れます。（アマゾンwebsiteより引用）

企業理念などの中で「革新」や「創造」をうたっている企業はたくさんあります。しかし、実際に生み出される商品やサービスは既存技術の応用や既存ビジネスの延長で、何の新規性も感じられない会社も残念ながら数多く存在します。

そんな中、アマゾンはこれまで世の中に存在しなかったサービスを多数提供してきました。当然ながら、その社員の価値観や行動には常に「革新」や「創造」が求められます。アマゾンは、社員の生み出す力を「仕組み化」している企業の1つであると言っても過言ではないでしょう。

ただ、この項目のすごみは、「革新」や「創造」をうたったことではない——と15年間アマゾンにいた私は実感しています。この項目のすごみは、**「Invent」の後に「Simplify」が加わっているところ**なのです。

「Simplify」の意味は、日本語では「簡略化」「単純化」となるでしょうか。いかに素晴らしい「創造」をしても、お客様にとって使いやすいものでなければ宝の持ち腐れです。

どんな素晴らしいサービスでも、その登録に1時間以上かかるサービスに加入したいと思いますか？

どんなに素晴らしい商品でも、100ページ以上の説明書を読んで理解しないと使えない商品を購入したいと思いますか？

ですから、アマゾニアンは「サービスや商品をいかにシンプルにするか？」といったことを併せて考えなければならないのです。これは、新規のサービス・商品であっても、既存の商品・サービスであっても同じです。

「Simplify」の考え方を突き詰めた結果、お客様に大きな支持を受けているサービスの1つが「Amazonプライム」です。

サービス送料無料、動画見放題、音楽聴き放題……それまでアマゾンはさまざまな革新的なアイデアを形にしてきていました。ところが、個々のサービスを利用するのにいちいち料金が課せられ、ユーザーの利便性は高くありませんでした。

そこでアマゾンは「すべてまとめて年間3900円（2018年2月現在）」にしてしまったのです。

お客様は、たった1回登録するだけでそれらすべてのサービスを楽しむことができるのです。こんなシンプルなものは他にはありませんよね？

ジェフ・ベゾスはよく**「All You Can Eat.」**という表現を使っていました。つまり、「いちいち料金を払って食べるよりも、『これだけ払えば全部食べられますよ』のほうが、お客様にとってわかりやすいし、うれしいでしょ？」と。「Amazonプライム」はまさに「All You Can Eat.」を体現したサービスと言えるのです。

④ Are Right, A Lot
～多くの場合正しい～

リーダーは多くの場合正しい判断を行います。強い判断力を持ち、経験に裏打ちされた直感を備えています。リーダーは多様な考え方を追求し、自らの考えを反証することもいといません。(アマゾンwebsiteから引用)

事業を遂行していく上で、リーダーの判断は非常に重要です。プロジェクトリーダーの判断、ビジネスオーナーの判断、経営者の判断、政治家の判断……それぞれがその後の世界を大きく変えてしまうからです。リーダーは、正しい判断をする必要があるのです。

これはつまり、**リーダーは「セルフチェック」の機能を内包する必要がある**――ということでもあります。自分自身が下した判断が間違っていないか、間違っていたとしたら正しい判断を再度行う必要があるわけです。

そこでアマゾンは「Are Right, A Lot」と「正しい」の後に「多くの場合」という「A

Lot」をつけているのです。「Are Right, Always」ではないのです。

常に正しい人間なんてそういません。「多くの場合、正しい判断ができる。けれども、自分が間違っているという判断もできる」人物が、アマゾンの考える正しいリーダーの姿です。


もしもアマゾンがリーダーたちに「常に正しい判断」だけを望んでいたら、現存する事業の多くは存在していなかったかもしれません。そのほとんどが、開始当初は大きな赤字を抱え、事業として成り立たないものばかりでした。

けれども、その失敗から学び、多くの改善を重ね、そして経営陣も短期的な利益を求めることなく進んできたものが、今、皆さんが利用しているサービスなのです。

もしも経営陣が短期的な、しかも確実な成功だけを求めていたら、社員はより保守的になり、それらの素晴らしい企画は日の目を見ることはなかったでしょう。先に解説したInventは決して起きなかったのです。

「正しくないとわかったら、潔く別方向に舵《かじ》を切れば良い」という社風は、アマゾニアンたちの新しい物事へのチャレンジを下支えしてくれています。

⑤ Learn and Be Curious
～学び、そして興味を持つ

リーダーは常に学び、自分自身を向上させ続けます。新たな可能性に好奇心を持ち実際に追求します。（アマゾンwebsiteから引用）

これは14か条中最も新しい項目で、2015年の改定で追加されたものです。新しく追加されるということは、社員に再認識してもらいたいということ。ＯＬＰを策定したS-Teamのメンバーは「特に会社が大きくなってから入社してきたアマゾニアンたちに、学ぶ気持ち、進化する気概を大事にしてもらいたい」と考え、追加したのではないかと思います。

世界は、考えられないスピードで変化しています。今まで持っていた知識やノウハウは一瞬で陳腐化します。それに対応するためには常に好奇心を持って世界を見つめ、そこから学ぶ気持ちを持たなければ、すぐに取り残されてしまうでしょう。世界有数の大企業となったアマゾンですが、現在の地位にあぐらをかくことなく、いろいろなものに興味を持ってほしいというメッセージでしょう。

⑥ Hire and Develop the Best
〜ベストな人材を確保し育てる〜

リーダーは全ての採用や昇進において、パフォーマンスの基準を引き上げます。優れた才能を持つ人材を見極め、組織全体のために進んで人材を活用します。リーダーはリーダーを育成し、コーチングに真剣に取り組みます。私たちは全てのメンバーのために新しい成長のメカニズム（例：Career Choice*）を創り出します。

*キャリアゴールの選択の自由

(アマゾンwebsiteから引用)

アマゾンの採用基準はとても厳しいことで知られています。多くの面接官との一対一の面接を経て採用を勝ち取るのは、至難の技です。

私も在任中に1000人を超える採用面接を行ってきました。数字こそ出せませんが、その合格率は高いとは言えません。

アマゾンは、急激な成長をしている会社ですから、常に採用枠が空いている状態です。いわば毎日が〝猫の手も借りたい状態〟なのです。とにかくその穴を素早く埋めてしまおうと考えても、決しておかしくはありません。

けれども、採用率は決して高くないのです。本当に良い候補者が出てこないと、面接すらしないこともしばしばです。

なぜ、それほど厳しい採用を行うのでしょうか？

その理由が、この項目で語られています。

ジェフ・ベゾス自らが**「自分より優秀な人材を採用することを恐れてはいけない」**と語っています。自分より優秀な人材は、いずれ自分のポジションを奪い、いつかは自分の上司になるかもしれない存在です。しかしながら、その恐怖に打ち勝つことができず、自らがそのようなブロッカーになってしまっては会社の成長を促すことができない――という意味です。

とても難しいことですが、自分よりも優れた人物を選べる器の大きな人物こそが、真に優秀なリーダーなのです。そして実際のところ、そのような優れたリーダーが職を追われる可能性はきわめて少ないと言えるでしょう。

アマゾンが社員の成長を非常に重視している点も注目です。

アマゾンのリーダーは部下に気を配り、その部下の成長を楽しむことのできる環境を作り続けなければなりません。定期的な個人面談（One-on-oneと呼ばれる）を持ち、成長の阻害要素を特定し、その要素を取り除いたり、成長のためのヒントを与えたりと、常に正しいコーチングを行い、リーダーとしての成長を促します。

ちなみにアマゾンの昇進プロセスは、上司の推薦からスタートします。ですから、上司の重要な役割の1つは、**「推薦状に書けるような実績を部下に積ませること」**です。

私はよく自分の部下であるリーダーたちに、このように説明していました。

「君たち上司の役割は、舞台演出のようなもの。それぞれが演じる演目を用意し、それに合わせた舞台を用意し、俳優である部下たちに最高のパフォーマンスをさせてあげて、多くの人々に認めてもらうことだ」と。

彼らは自分の部署にこの言葉を持ち帰り、〝**舞台演出家**〟としてたくさんの人材を成長させてくれました。

⑦ Insist on the Highest Standards

～常に高い目標を掲げる～

リーダーは常に高い水準を追求します。この水準は高すぎると感じられるかもしれません。リーダーは継続的に求める水準を引き上げていき、チームがより品質の高い商品やサービス、プロセスを実現できるように推進します。リーダーは不良を下流に流さず、問題を確実に解決し、再び同じ問題が起きないように改善策を講じます。（アマゾンwebsiteから引用）

アマゾンが継続的に成長している理由の1つに、常に高い目標を掲げ続けていることがあると思います。無謀で実行不可能な目標ではなく、実現可能かつ今までの水準を上回るものである目標設定がうまいのです。

また、**「市場がどんなに変化しようとも前年よりは必ず成長する」**という基本的な考え方があります。「来年は厳しくなるので、今年5％のコストダウンができたけど、来年は3％くらいでいいよね」というような考えはアマゾンにはないのです。「どうやってまた5％以上を実現するか？　そのために残された方法はないのか？」を考えます。

その際、リーダーが問題を1人で抱え込み、解決する方法を模索する必要はありません。チームで問題を共有し、チームで解決するべきだとアマゾンでは考えるのです。これはつまり、「自分の中の基準だけでなく、チームへ、そして他部署へも高い水準を常に求める」ということでもあります。高め合う仕組みが生み出す相乗効果が、目標達成の原動力、新しいアイデアの原動力になっています。

⑧Think Big
～広い視野で考える～

狭い視野で考えてしまうと、大きな結果を得ることはできません。リーダーは大胆な方針と方向性をつくり、示すことによって成果を導きます。リーダーはお客様に貢献するために従来と異なる新たな視点をもち、あらゆる可能性を模索します。

（アマゾンwebsiteから引用）

「広い視野を持って物事に取り組もう」という言葉はよく耳にしますが、その人のポジションや経験などで大きく異なってしまうかもしれません。

そこでアマゾンでは**「自分よりも1つ上のポジションで考えたときにどのような判断をすべきか？」**ということを常に要求します。実際に次のポジションに昇進する際にとても大事な行動パターンの1つで、その殻を破れないと昇進を勝ち取ることは難しくなります。「彼or彼女は、1つ上のポジションの視点で『Think Big』ができているか――？」は、人事考課や昇進の審査の際におそらく最も多く議論されてきた項目でしょう。

ちなみに、「広い視野」は2つの意味を含んでいます。

1つは**「より高い位置から見る＝俯瞰《ふかん》する視点」**、もう1つは**「より遠くを見る＝長い時間軸での視点」**です。一時的に利益が出なかったり、うまくいかなかったりしても、それがお客様の望むことであれば未来を見越して継続する――という判断は、アマゾンではよくあることです。アマゾニアンたちが、より広範囲かつ中長期の視点を持ち、ビジネスを構築してきたからこそ、現在それらが大きく花開き、強力な成長の原動力になっているのです。

⑨ Bias for Action
～とにかく行動する～

ビジネスではスピードが重要です。多くの意思決定や行動はやり直すこともできるため、大がかりな分析や検討を必要としません。計算されたリスクをとることも大切です。（アマゾンwebsiteから引用）

アマゾンが行っているインターネット上のあらゆるビジネスは、「日進月歩」どころか**「秒進分歩」**と言っても過言ではない速さで進行しています。ですから意思決定のスピードや計画実行の速さは、非常に重要です。

何か問題が起きたとしても、問題を解決しないまま放置することは〝十分可能〟です。なぜなら、その問題を取り巻く環境が日に日に変化しているため、他の問題のほうに目が移っていくからです。ところが、放置してしまった問題は、別の日に別の形となって必ず再浮上してきます。しかも、以前よりも大きく複雑な問題として表出するものなのです。

成長の早いアマゾンでは、通常の市場での変化よりも大きな変化が起きるため、問題を放置すると、おそらく他の企業よりもさらに深刻な形になって現れてきます。ですからアマゾンでは、まず即座に**「短期的解決」**を施し、必要であれば**「根本原因の解決」**へと進む、２段階処置を行っているのです。

⑩ Frugality
～質素倹約～

私たちはより少ないリソースでより多くのことを実現します。倹約の精神は創意工夫、自立心、発明を育む源になります。スタッフの人数、予算、固定費は多ければよいというものではありません。(アマゾンwebsiteから引用)

「はじめに」でも紹介しましたが、アマゾンの質素倹約の精神は社員が利用する机「ドアデスク」に象徴されています。

ジェフ・ベゾスがアマゾンを興した際に、配送作業を行う作業机を、家の中のドアに使う大きな板に垂木の脚を打ち付けて作りました。これが「ドアデスク」と呼ばれ、「創業時の精神を忘れないように」ということで、今でも米国本社で利用されているのです。

私もアマゾン ジャパンの立ち上げ時に、アメリカから輸入されたドアと垂木を使って何個もドアデスクを作りました。それらのドアデスクのいくつかは、今でもアマゾン ジャパンのどこかで活躍していると思います。

⑪ Earn Trust
～人々から信頼を得る～

リーダーは、注意深く耳を傾け、率直に話し、人に対して敬意をもって接します。たとえ気まずい思いをする事があったとしても間違いは素直に認め、自分やチームの間違いを正しいと言ったりしません。リーダーは常に自分たちを最高水準と比較、

――評価します。（アマゾンwebsiteから引用）

周囲から信頼を得られることも、リーダーにとって重要な資質です。

信頼を得る上で大事なことは、他のチームや関連部署などの人々を尊敬し、それらのチームからの諫言《かんげん》に耳を傾け、間違いを正すことです。間違いを非難されたときに「いや、うちのチームは間違っていない」と否定するのではなく、そう指摘されるということは何か間違いがあるのではないかと考えることが求められます。

自分たちにとって都合の悪いことを隠蔽したり、自分たちの正当性を主張したりした後に、化けの皮が剥がれた――そうなると周囲の信頼を二度と回復することはできません。

間違えること自体は、決して悪いことではありません。**間違えたときは、きちんと認め、正すこと**――これがアマゾニアンに求められる、リーダーの資質なのです。

⑫ Dive Deep
～より深く考える～

リーダーはすべてのレベルの業務に関与し、常に詳細を把握して頻繁に現状を監査し、メトリクスと個別の事例が一致していない時には疑問を呈します。リーダーが関心を持つに値しない業務はありません。（アマゾンwebsiteから引用）

日本の企業などでは役員クラスになるとビジネスの子細を理解していなかったり、情報を持っていなかったり……ということはよく見受けられます。けれども、アマゾンで仕事をしていると、シアトルの幹部社員たちがビジネスの詳細まで理解をしていることによく驚かされました。

だからといって、細かいことまで首を突っ込み、いちいち口出しをするかと言えば、まったくそんなことはありません。

私が在籍した15年間でも、上司から強い監督・干渉、いわゆるマイクロマネジメントをされたことは一切ありませんでした。アマゾンの上司たちは、基本は部下に権限移譲しています。その上で何か問題が起きたり、通常とは違う数値が経営指標に現れたときには徹底的な深掘りを行い、その現象を理解しようと努めるのです。

⑬ Have Backbone ; Disagree and Commit
～意見を持ち、議論を交わし、納得したら力を注ぐ～

リーダーは、賛成できない場合には、敬意をもって異議を唱えなければなりません。たとえそうすることが面倒で労力を要することであっても例外ではありません。リーダーは、信念をもち、容易にあきらめません。安易に妥協して馴れ合うことはしません。しかし、いざ決定がなされたら、全面的にコミットして取り組みます。(アマゾンwebsiteから引用)

もしも会議などで「反対意見を言いたい。でも、自分の立場上それを言うことが難しい」「反対意見を言いたい。でも、それを言ってしまったら他の人に迷惑がかかるかもしれない」という状況だったら、皆さんどうしますか?　しかも、それが会議終了時刻の10分前だったら……？

通常なら「まぁ、ここは波風立てずに反対意見は言わないでおこう」とか「会議の後に何らかの方法で伝えればいいか」という選択をされる方が多いのではないでしょうか？

アマゾンでは、そのような行動は褒められる行動とは言えません。反対意見がある場合には、その場でしっかり表明する必要があります。反対意見を唱えられた側は、再度説明し、その場で納得してもらう必要があるのです。いったんその説明に納得したら、後日再び異を唱えることは絶対にしないのです。

さて、反対意見を唱えた側の意見が後日正しかったとしましょう。けれども、このとき「だから言ったじゃないか！」という発言は、アマゾンでは決して許されません。なぜなら、「納得した」と言ったからです。説明を聞いても「間違えている」と考えていたのであれば、妥協をせず、徹底的に議論を交わす必要があったからです。

反対意見や批判ばかり繰り返し、結果が判明した後で「やっぱりね！」と口にする人物はアマゾンでは評価されません。いわゆる〝**後出しジャンケンの評論家**〟は、まず採用されませんし、万が一採用されたとしても最も低い評価が下されてしまいます。たとえ批判をしても、いったん納得したのなら、成功に向けて最大限の努力をしなければならないのです。

⑭ Deliver Results

～結果を出す～

リーダーは、ビジネス上の重要なインプットにフォーカスし、適正な品質で迅速にそれを実行します。たとえ困難なことがあっても、立ち向かい、決して妥協しません。（アマゾンwebsiteから引用）

アマゾンは営利企業です。どんなときもその株主、社員、その家族、取引先に対して事業継続の責任があり、そのためには会社の健全性を維持し、事業を拡大していかなければなりません。社員であるアマゾニアンたちは、その目標を達成するためにさまざまなチャレンジに挑んでいるのです。

ＯＬＰの「④ Are Right, A Lot～多くの場合正しい～」で前述したとおり、いつでも正しい判断ができるわけではないので、結果を出すことは非常に困難な場合もあるでしょう。そんな時でも問題点をしっかり深掘りし、自分たちの非を認め、周りの信頼を勝ち取りながら、素早く、かつ必要以上の浪費は避け、短期的な成功だけではなく中長期の成功を見据えながら、学び教え、ときに新たな発想を携え高い目標達成のために主体性を持って取り組んでいく――それがアマゾンの求めるリーダー像です。

そして、必ず結果を出す。この最後の「Deliver Result」は、**それ以前の13のＯＬＰを実行したアマゾニアンこそが手にできる**ものなのです。

「困っている仲間がいたら、腕まくりをして助けよう」

以上が、ＯＬＰ14か条の解説です。

ちなみに、ＩＤカードと一緒に首からかける以外にも、ＯＬＰを浸透させる工夫はしました。オペレーション部門では、1か条ごとに4コマ漫画を作りました。ＯＬＰ

の頭文字を持った猫、ウサギ、フクロウのキャラクターが登場する内容です。例えば、オーナーシップの漫画は、コンビニの店長がフクロウで、社員が猫とウサギ。店長が自らコンビニの周りの掃除をしていると、そこを通る人たちがそれを見て「素晴らしいな。毎日ここを綺麗にしてくれてありがとう」と声をかけてくれるといったストーリーです。倉庫のメンバー全員に配布をして読んでもらいました。

ＯＬＰの順番に関しては、特別な意味があるわけではありませんが、「Customer Obsession」が最初で「Deliver Results」が最後なのは、「お客様がすべて」から始めて「目に見える結果」につなげるということですから、重要度が高いように感じます。

さまざまな標語が存在していたアマゾンですが、ＯＬＰが最終的に14か条に統合されていく中で、いくつかのフレーズが消えていきました。

消えていったものの中で私が好きだった1つは、**「Roll Up Sleeve」**。直訳すれば腕をまくるという意味ですが、「誰か困っている人がいたら、自分が手伝うよ」というメンタリティーのことを指します。

また、**「Vocally Self Critical」**も好きでした。相手の意見を取り入れ、自分を反省する力とでも言うのでしょうか。「指摘や批判をされたときに、自分たちが正しいと思考停止するのではなく、『何か間違っているのでは』と自らを疑おう」というメンタリティーです。アマゾニアンたちはよく自分のお気に入りのフレーズについて話をするのですが、私は「マサ、君の強みはVocally Self Criticalができることだ」と言ってもらっていたこともあり、このフレーズがいちばん好きでした。ちなみに、アマゾニアン全員でお気に入り投票をしたら、おそらく**「Customer Obsession」**が1位に輝くと思います。

アマゾンが求めるリーダー像は、おわかりいただけたでしょうか？

もちろんこれをすべて体現する人材は非常に稀《まれ》ではありますが、少しでもこのリーダー像に近づくべく社員は切磋琢磨《せっさたくま》し、このような人材を市場から探し出して採用しています。

このようなリーダーの下で、仕事をしてみたくありませんか？

amazon's GREATEST RULES

各部門が独自に作成し、大切にする「テネッツ」

ＯＬＰ以外にも、アマゾニアンが大切にしているものがあります。それは**「Tenets（テネッツ）」**です。日本語では「信条」などと訳します。

ＯＬＰはシアトルのS-Teamが明文化したものであるのに対して、テネッツは部門ごとに話し合い、独自に作成するものです。比較的新しく、２０１３年頃に導入されました。

「Tenets（テネッツ）」は「我々の部門で……」といった表現を用いて明文化していきます。

アマゾンの中で最初にテネッツを作ったのは、カスタマーサービス部門。「カスタマー・コンタクト・テネッツ」と呼ばれるものを作りました。お客様からコンタクトを受けたときに、どう答えるべきか、どう対応すべきかをまとめたものです。5か条で作成されました。以下のとおりです。

①Answer the Question Asked.
（質問されたことに答えなさい）

②Reduce Customer Effort.
（お客様の努力を減らしなさい）

③Treat Every Customer as a Friend, Have the Right Attitude.
（すべてのお客様を、あたかも友達のように、適切な態度で対応しなさい）

④Escalate Systemic Problems.
（問題は仕組みを使って報告しなさい）

⑤Solve the Problem.
（問題を解決しなさい）

①は、お客様の言うことをよく聞いて、**お客様が何を心配しているのかをきちんと感じて、特定の問題を理解する**のが最初であるということです。

②は、①にも関連しますが、こちらで積極的に調べて**お客様の困っていることを見つけ出し、もしも問題がわかったらすぐに解決してあげなさい**ということです。解決策を見出すのが難しいようであれば、お客様のサポートをしてあげましょうという意味です。例えば、「再度注文し直せば解決する。でも、再注文の方法がわからない」といった場合、バックヤードから再注文をサポートして、お客様の手間を減らしてあげるわけです。

ただし、お客様のアカウント情報は別。住所やクレジット情報などには一切触れず、「お客様がやってください」とお願いすることになります。

③は、「私はただ業務で対応しています」ではなく、**友達の困りごとを助けてあげようという思いで対応しなさい**という意味です。ただし、言葉使いがフランクすぎる

というのはNG。きちんとした対応で接する必要があります。自信を持って、辛抱強く、話を聞くのです。

④は、**問題は上申する仕組みを使って報告を上げなさい**という意味、⑤は文字どおり**問題を解決しなさい**という意味です。

カスタマーサービス部門は、これらを信条として日々の仕事を遂行しよう——とうたったわけです。

このカスタマーサービス部門のテネッツを何かの資料で読んだジェフ・ベゾスがとても気に入り、「全部門でテネッツを作成しよう」という話になりました。

さすがに「全部門でテネッツを作成」とまでは至りませんでしたが、アマゾニアンの間で「何かプロジェクトを始める際にテネッツを作成する」という風潮が出来上がりました。

私も日本全国の入荷の責任者を務めていたときには、「インバウンド（入荷）・テネッツを作ろう」と呼びかけて作成しました。「商品を○時間以内に棚に入れましょう」「テクノロジーやアイデアを駆使して、商品を送ってくれる方の努力を減らし続けましょう」といった内容だったと思います。

テネッツを作ると、「我々はお客様に対して何を提供しようとしているのか?」に対する答えがクリアになります。テネッツに沿っていれば正解、外れていれば不正解とわかります。OLPが自分自身の行動理念ならば、テネッツは部署やプロジェクトとしての判断指針と言えるでしょう。

しかも、メンバーで話し合うことで「同じスタートラインに立って作り上げている」という感覚も生まれます。アマゾンの1つの文化として根づき始めていると思います。

「アンドンコード」と「レメディーチケットシステム」

「④Escalate Systemic Problems.」に関連する話を2つしたいと思います。

1つは、**「アンドンコード」**の話です。

その頃、ベゾスはトヨタ自動車の「カイゼン」に非常に関心を持っていました。そして、倉庫のオペレーションに「カイゼン」を導入したいと思い、TPS(Toyota Production System トヨタ生産方式)と呼ばれる方式を熟知したトヨタ出身のコンサルタントを招いて、アメリカのアマゾンの倉庫でワークショップを開催してもらったそうです。コンサルタントが実際に倉庫に行き、現場で見つけた問題の「カイゼン」に取り組む数日間のワークショップだったそうですが、そこにジェフ・ベゾスも参加しました。

その中で、特にベゾスが関心を持ったのは、「アンドンコード」と呼ばれる仕組みでした。何かトラブルが起こったときにボタンを押すと、ラインが停止し、ランプがつき、スーパーバイザーが急行して即座に直す仕組みです。そして、「この仕組みをアマゾンにも導入しよう」ということになり、オペレーションに取り込んだのです。

お客様から「商品に不具合があった」という連絡があった、例えば「届いたお皿が割れていた」とします。

すると、カスタマーサービスセンターは即座に対応手続きに入ります。「申し訳ありませんでした。ただちに新しい商品を送ります」と伝え、代替品を出荷するのです。

ところが、「またもや割れていた」という連絡が来たとします。そのときは、電話を受けたカスタマーサービスセンターのオペレーター（私たちは「アソシエイト」と呼んでいました）が、ただちに「アンドンコード」を引きます。アンドンコードが引かれると即座に、該当商品のショッピングカートは落とされて注文不可となり、倉庫に在庫をチェックするよう指示が飛ぶのです。そして、1点1点しっかり確認して「良品で問題なし」となって初めて、「アンドンコード」は解かれ、ショッピングカートは戻されるのです。

このときジェフ・ベゾスが口にしていたのは、**「1アソシエイトにサイトを左右するパワーを与えたい」**という言葉でした。

ショッピングカートを落とすのは、アマゾン内では、非常事態・緊急事態の処置行為。一社員であっても、お客様のためならショッピングカートを落とす権利を与える——ということは、現場の人間に大きな裁量を与えるということを意味しているのです。

もう1つは、**「レメディーチケットシステム」**の話です。「レメディー」とは、日本語で「癒やす」という意味です。

アマゾンでは、何か問題が生じると、ウェブ上で「トラブルチケット」を発行します。トラブルチケットは、問題の専門部署に自動的に送られます。起こった問題が、自分の担当部門の問題であれば、自分のところへトラブルチケットが送られてきます。この一連のシステムを「レメディーチケットシステム」と呼んでいます。

以前、私が書籍のバイヤーの責任者だったとき、あるユーザーから「本に記載されている価格とサイト上の価格が違っている」という連絡がカスタマーサービスに入ったことがあります。カスタマーサービスは即座にトラブルチケットを発行し、私のところへ送られてきました。調べてみると、出版社が本の価格変更をしたようで、そのユーザーの手元にあったのは価格変更前の本だったのです。この内容を返送し、カスタマーサービスがユーザーに連絡。ことなきを得ました。

レメディーチケットシステム上には、全世界のアマゾン社内で起きた、このようなさまざまなトラブルが集約されています。

レメディーチケットシステムは、お客様に与えるインパクトの大きさにより、５段階に区分されています。最もインパクトの大きな「１」クラスになると即座に解決にあたる必要があります。

日本であっても、ヨーロッパであっても、ブラジルであっても、システム系のトラブルに関しては、すべてアメリカのエンジニアが対処しています。日本とアメリカの時差は13時間ほどあります。つまり、「日本が日中のとき、アメリカは夜中」なので、「Amazon.co.jp」で深刻なトラブルが起きると、エンジニアたちは夜中に叩き起こされることになります。アマゾンはシステムに非常にお金をかける会社なので、もちろんシフトを組んで24時間体制になっているのですが、緊急度の高い場合は呼ばれてしまうのです。そのため彼らは、「日本のトラブルは勘弁してくれ（笑）」とよく冗談で言っていました。

amazon's
GREATEST
RULES

第4章

優秀なアマゾニアンを獲得する

人事採用

アマゾンには
「バーレイザー」と呼ばれる存在がいます。
特に優秀な面接官の称号で、
採用の重要権限を持っています。

amazon's GREATEST RULES

最大6人と1対1面接 アマゾン流の採用ステップ

アマゾンの採用面接は、リクルート業界から〝エージェント泣かせ〟と言われています。その理由は、彼らがアマゾンに紹介した人間がなかなか採用に至らないからです。「もはやどんな人を出していいかわからない」とボヤかれることもたびたびで、アマゾンは彼らにあまり好かれていないのではないでしょうか（笑）。

とはいえ、アマゾンは決して「落とす面接」をしているわけではありません。リーダーシップ理念（ＯＬＰ）の項でも述べましたが、飛躍的な成長を遂げている会社ですから、常に各部門が人材を求めているのです。

ただ、だからといって、**「誰でもいい」とは考えないのがアマゾン流**。優秀な人材を獲得するための基本的な考え方、そしてブレない仕組みが存在しています。マネージャーなどビジネスをドライブするレベルの人間の面接を例に、その考え方や仕組みについて解説していきましょう。

まず、面接の基本ステップについて触れていきます。

最初のステップでは、送られてきた履歴書を人事部が精査します。ごく一般的なファーストステップです。

次のステップで、精査された履歴書が各部署に送られます。**その送られてきた履歴書すべてにHiring Manager（＝入社後に上司となるマネージャー）が目を通します。**気になる人物がいたら「この人とこの人を面接したいので呼んでください」と人事に連絡し、面接がセッティングされます。

一次面接では、Hiring Managerが会います。場合によっては、人事も会います。時間は40分ほどでしょうか、1対1で面接を行います。Hiring Managerが「この人だったら次に進めてもいいな」と思ったら、二次面接へと進みます。

二次面接は、アマゾンらしい面接と言えます。**まず人数ですが、最大5人の面接官**

が社内で招集されます。面接官はすべて他部署のマネージャークラスの人間です。この面接官の中に1人、**「バーレイザー」**と呼ばれる人間が必ず含まれます（「バーレイザー」については155ページから後述します）。

二次面接はアマゾン社内で行うのが基本ですが、二次面接もすべて1対1で行います。1人との面接時間が40～45分ほど。それを**最大5回行う**わけです。1日で終わるということは当然なく、2～3日に分けて行うことが多いのです。

面接を通って入社してきたアマゾニアンに話を聞くと、たいていの人が「あんなに何度も面接をする会社は他に知らないですね」という感想を口にします。

採用／不採用を論議する面接後のミーティング

二次面接の後には、面接官たちがフィードバックを行います。つまり、記入フォーマットに、面接内で確認したことや感じたことを書き、さらに「採用に賛成／採用に反対」を投票しておくのです。全員が記入を終えると、一次・二次の面接官全員で集まり「Hiring Meeting（ハイアリングミーティング）」が開催されます。この時点で初めて、他の面接官の「賛成／反対」の投票結果を知ることができます。

このミーティングで全員が「採用に賛成」という意見だったら、その候補者は採用されます。

仮に「採用に反対」という人がいたとします。その場合は、「反対」の理由について検討します。具体的には「トレーニングで修正可能か？」「周りの人間がカバー可能か？」の2点を検討するのです。

例えば、Hiring Managerが「あなたが『反対』とする理由に関しては、こういうトレーニングをするから大丈夫です」と伝え、「反対」と言っていた人が「うん、だったらいいよ」となれば採用というわけです。「反対」と言っている人が「いや、それはトレーナブル（トレーニング可能）じゃないよ。この人の本質の問題だから、たぶん無理だと思う」と言って「反対」のままだったら不採用となります。

二次面接の面接官はどのように選ばれるのか？

二次面接の面接官は、関係部署のマネージャーなど、「入社後に仕事上関係が深くなる人間」から選ばれます。一次面接を行うHiring Managerが「この人に面接に立ち会ってもらいたい」と希望を出すことも多く、人事から「この採用担当が面接に加わってほしいと言っていますが、やってもらえますか？」という問い合わせが来ます。「ＯＫですよ」と答えると、面接官に加わるのです。

私は、アマゾンキャリアが長かったのと、さまざまな部署を見てきた経験があったので、面接官として声をかけられることが比較的多かったと思います。自分の直轄部署の採用も含め、他部署の採用面接でも呼ばれるわけなので、正直かなり大変でした。多いときには1週間で10件以上の面接に立ち会ったこともあり、スケジュール帳が面接でどんどん埋まっていってしまったこともあります。

それでもアマゾンは面接に時間をかけています。それはなぜでしょうか？

「アマゾンをこれから1つ上の段階に引き上げてくれる人材を採用しよう」という目的があるからです。会社は、そのために膨大なエネルギーを注いでいるのです。

また、社員であるアマゾニアンたちも、「できるだけ多角的に候補者を評価して、素晴らしい人材を採用したい。それが会社の成長の原動力になる」と信じて面接に臨んでいます。**「Hire and Develop the Best」**という項目がＯＬＰの中にあるとおり、最高の人材を採用して育てることが大切。自分の部下だけでなく、他の部署の人間も含めて採用に貢献することが、リーダーに求められる資質なのです。

さらに、「自分のときに助けてもらわなければいけない」という実情もあります。良い面接をする人ほど、「この人に参加してほしい」と名指しで指名されます。だからといって断ってばかりいると、自分の部門で採用面接を行う際、誰も協力してくれなくなってしまうので、無下にはできないのです。

なので、日程上どうしても無理という場合を除いては、できるだけ積極的に参加するのです。

amazon's GREATEST RULES

ＯＬＰを備えた人物かどうか？面接官は、その1点だけを見ている

では、面接をするときに、面接官たちは候補者のどこを見ているのでしょうか？

ひと言で言えば、

「ＯＬＰ（リーダーシップ理念）を備えた人物かどうか？」

を見ています（「ＯＬＰ」14か条については106ページ参照）。これはつまり学歴などは不問であるということ。「あなたは今までの人生をどう生きてきましたか？」ということをシンプルに問われるわけです。

二次面接の面接官たちは、Hiring Managerからあらかじめ「1対1の面接で特にこの要素について質問をしてください」というお願いをされます。その要素というのが、ＯＬＰのいずれかの項目なのです。

例えば、OLP14か条の1つに「オーナーシップ」という項目があります。要は「物事に対して自主性を持って取り組んできたか？」ということですが、面接官は「その候補者がオーナーシップを持った人間かどうかを、面接で特に掘り下げてください」といった形で依頼されるわけです。また、OLP14か条の中には「インベント」、つまり創造性を求める項目もありますが、「オーナーシップとインベントの2軸で見てください」といった依頼をされる場合もあります。

面接官は履歴書を読んだ上で、このような依頼に即した質問内容を考えてから面接に臨みます。

「この職場にいるとき、どんな立場でこのビジネスを回していたのですか？」

「このプロジェクトで壁にぶつかったとき、なぜこのような発想をしたのですか？」

などと質問しながら、候補者が自分事としてそのビジネスを捉えて仕事してきたのか、創造的な発想を大事にしながら仕事をしてきたか、などを具体的にヒアリングしていきます。

履歴書に自分の実績をオーバーに書き込むことはよくありますが、「具体的にどんなことを考え、具体的にどんな行動をしてきたのか？」を深掘りしていけば、会社での肩書きなどに左右されず、自然とその候補者の実力が明らかになるものです。

社内には、「質問バンク」のようなものがいちおう存在しています。例えば、「オーナーシップについて聞くときは、こういう質問をしてみては？」といったものです。けれども、面接官全員がリーダーシップ理念を理解し、体現し、部下に指導している人物ばかりなので、質問バンクに頼らずとも面接ができてしまいます。

さて、面接環境ですが、基本的にアマゾンの社内で行われます。周りの干渉がない、落ち着いた雰囲気の部屋で行われます。候補者の方たちは現職で重要なポジションにいることが多いわけですから、「あの人がなぜかアマゾンにいた」と知られてはまずい人もいます。このあたりの配慮は、十分なされています。

ドキュメントの管理も徹底しています。ハイアリングミーティングで配布されたドキュメントは、ミーティング後に即回収。人事がすべて管理し、個人が持ち出すことはできません。

amazon's GREATEST RULES

絶対権限を持つ「バーレイザー」彼らは何を見ているのか？

アマゾンの入社面接は、非常にロジカルです。「理詰めにされた」という印象を持った候補者も少なからずいたと思います。

なぜなら、面接官は常に2つのことを意識しているからです。

1つめは、**「採用するための明確な理由を収集したい」**ということです。

アマゾンでは、二次面接が終わった後、自分が「OLPの項目の中で特に重点的に聞いてほしい」と依頼された項目に対し、「こういう事実を確認しました」「そのことについて私はこのように考察しました」ということを書いて、システムに入力しておかなければなりません。「笑顔が爽やかで人当たりが良さそう」「仲間とうまくやっていけそう」といった印象ベースの主観的な要素、「プロジェクトリーダーとしてプロジェクトを成功に導いた」といった曖昧な要素などは、記入に値しない内容とみなされます。

どういう発想で、何をし、どう成功に導いたのか……面接官は具体的にヒアリングし、記入する必要があります。その実績が、面接官全員が納得する素晴らしいものであれば採用の理由となります。人の人生を左右する問題ですから、常に真剣です。

優れたパフォーマンスをアマゾンでも「再現」できるか？

2つめは、**「再現性があることを証明したい」**ということです。

採用の決め手となる理由を集めたら、面接官は「この実力はアマゾンでも再現可能です」と言いたいわけです。成果を挙げられた理由が「取引先に恵まれた」のだったとしたら、アマゾンで取引先の開拓が難航した場合にパフォーマンスを発揮できないことになります。どんな場面であっても再現可能な能力を、面接官はチェックし、他の面接官と共有したいのです。

面接終了後のハイアリングミーティングでは、

「こういうところがこの人の強みでした、こういうことをやっているのでアマゾンでも再現性があると思います」

「この人はこういうことができていなかったので、ひょっとするとアマゾンに入ってきた後に障害になる可能性があります」

などといった会話が飛び交うことになります。

アマゾン社内の名誉称号「バーレイザー」

さて、マネージャークラスを採用する二次面接の面接官の中には、必ず1人「バーレイザー」という存在の人間が加わります。文字どおり**「バーを上げる者」**という意味です。バーレイザーには、棒高跳びの選手がバーをクリアするシルエットのアイコンが社内イントラの個人ページに付されます（採用面接ではもちろんわかりませんが）。

ある一定以上の面接を行っていて、過去の面接で有効なフィードバックをしていて、他の人から見ていても「この人を面接官にすると良い人材が採れる」「この人を面接官にすると明快な決定ができる」といった人物が、チームから人事へ推薦されます。その人物が特別なトレーニングを積み、テストに合格すると、晴れてバーレイザーの称号が与えられます。それで給料が上がるということはなく、アマゾン社内の名誉称号の1つです。

バーレイザーは候補者の何を見ているのか?

では、バーレイザーは、候補者のいったい何を見ているのでしょう?

「OLP(リーダーシップ理念)を備えた人物かどうか?」を見ている他の5人の面接官よりも、さらに一段高い位置から見ています。

「この人がアマゾンに加わることで、アマゾンはさらに成長できるか?」

という点を見ているのです。

アマゾンのビジネスは、何年も先の未来を見て動いています。そのアマゾンのバーをさらに引き上げる必要があるわけですから、社外はもちろん、社内からも理解を得られない場面があるでしょう。

そんなシチュエーションでも負けずにビジネスを回していけるかどうかを、バーレイザーは見ています。候補者がいくら良い人であっても、アマゾンが現状を維持する程度の人材ならば、バーレイザーは残念ながら「NO」と言うしかありません。

先ほど、二次面接の後に、一次・二次の計6人の面接官が集まり、ハイアリングミーティングをすると言いました。その6人の中で、バーレイザーだけは特別権限を与えられています。すなわち、他の5人が採用に対して「YES」と言っても、**バーレイザーが「NO」と言ったら、結果は「NO」**なのです。

amazon's GREATEST RULES

面接官をシャドーイング教育
他部署の適性があれば振り替えも

マネージャーなどのレベルの人間を採用する面接官になるには、必ずOJT（On the Job Training）を受ける必要があります。「目を凝視せず、喉元くらいに視線を置いて話をしてください」「なるべくうなずいて話を聞いてください」といったきわめて基本的な所作はもちろん、「YES／NO」で答えられてしまうクローズド・クエスチョンではなく、相手の意図や行動を深掘りしていくオープンエンド・クエスチョンの使い方などを学びます。私もよく面接官となった人間に**「『Is this ～?』や『Does this ～?』といったクローズド・クエスチョンはしないこと」**、**「5W1Hを駆使して質問すること」**といった話をしていました。

ＯＪＴの具体的な方法は**「シャドーイング」**です。優秀な面接官の背後で、実際の面接のようすを学ぶのです。

面接の練習者は、人事から「今日シャドーイングに入ってください」と伝えられます。特に質問はせず、背後あるいは隣で面接官を観察します。2～3回シャドーイングを行った後、今度は「逆シャドーイング」のトレーニングがあります。自分が面接をするようすを、背後ないしは隣でうまい面接官に見てもらい、面接後にフィードバックをもらうのです。

常に人材を募集している会社

一方で、アマゾンでは、さまざまな部署で人材を常に探しています。その際、非常にフレキシブルに対応するのも、アマゾンらしいところです。

私が実際に面接したケースで解説しましょう。

その方が希望していたのは、オペレーション、つまり現場の運営管理をする部門のマネージャー職でした。私は当時、新倉庫立ち上げ時のHiring Managerだったので、履歴書を読み、その方の面接を行いました。

よくよくお話を聞いてみると、脱サラして一度事業を興したものの、もう一度会社に属したいという方でした。けれども、履歴書には会社員時代のことはそれほど詳しく書かれていませんでした。

そこで面接時に、会社員時代のことも含めてお話を伺いました。すると、某アミューズメントパークで乗り物の機械メンテナンスのリーダーをやっていた人だったのです。部下も多数抱え、素晴らしい実績のある方でした。「こういうトラブルが生じたので、カメラで撮って……」といった具体的な話を聞きながら、私は「ウチの部門じゃない、マテハン（マテリアル・ハンドリング部門）機器のメンテナンスマネージャーにぴったりじゃないか！」と心の中で叫んでいました。

アマゾンはベルトコンベアや昇降機などたくさんの機械を使用している会社なので、機械のメンテナンスが非常に重要です。私は、面接を途中で切り上げ、その方に待ってもらい、上司に連絡を入れました。そして、駆けつけた上司にその候補者について話をし、そのまま面接に入ってもらいました。面接会場は、立ち上げ中の大阪・

堺の倉庫の中。事務スペースはまだ内装工事をしているところでしたが、上司はその方に話を聞き、「即採用で！」となりました。

マネージャークラスを面接ナシで採用するには？

余談になりますが、アマゾンでは面接のやり方にもさらなる効率を求めています。

実際、アメリカの人事は「もっとイノベーティブなことができないか？」ということで**「マネージャークラスを面接ナシで採用するにはどうすればいいか考えよう」**とよく言っていました。例えば、ＡＩを活用して社内の人間が面接せずに採用する――それが真のアイデアというものだろうというわけです。

もしも「面接ナシで採用」が可能になれば、面接官たちが今まで費やしていた時間を本来の業務に充てられます。素晴らしい生産性向上のアイデアだと言えます。

残念ながら、私の在籍時には「マネージャークラスを面接ナシで採用」までは行けませんでしたが、近い将来、アマゾンはテクノロジーを有効活用して実現させるに違いありません。

Column

アマゾンのCM

2018年1月末、毎週日曜夜6時30分から放送中の国民的アニメ『サザエさん』（フジテレビ系列）次期スポンサーが、アマゾン ジャパン、西松屋チェーン、大和ハウス工業に決まったという報道がありました。1969年から東芝の1社提供として続いてきたのですが、東芝が2016年に家電事業を売却したことなどからスポンサーを続ける意味合いが薄れ、2017年11月にスポンサー降板を発表していました。

アマゾンがテレビCM、しかもあの『サザエさん』のスポンサーに――というニュースは、アマゾンが新たな戦略ステージに入り、ファミリー層にターゲットを定めてきたことの証しです。

創業以来、アマゾンはインターネット内でのプロモーションに注力してきました。具体的には、検索エンジンで上位に表示される対策、他の人に商品を紹介してくれた人間にインセンティブを支払うアフィリエイトと呼ばれる手法（アマゾンでは「アソシエイト」と呼んでいます）などです。

「Amazon Prime」のライオンのCMが転換期？

ところが、注文から1時間以内または2時間以内で配達する「Amazon Prime」のサービスが開始された頃から、日本でもアマゾンのテレビCMを目にするようになりました。

「Amazon Prime」のCMは、「ライオンのぬいぐるみと遊んでいる赤ちゃんのところに、ペットの犬が近づく。すると、赤ちゃんは泣きだしてしまう。犬は寂しそう。それを見たパパが『Amazon Prime』でたてがみを買って、ライオンに変身させたところ……」という内容です。微笑ましいCMなので、覚えていらっしゃる方も多いのではないでしょうか。2016年度の「作品別CM好感度ランキング」（CM総合研究所発表）で、堂々の第1位に輝いています。

さらに、2017年に入ると、ダウンタウンの松本人志さんら吉本興業のお笑い芸人が多数登場する「Amazonプライム・ビデオ」のCMなども放送されるようになってきました。

日本はもちろん世界各国で、今後アマゾンがテレビCMに力を入れる可能性は十分にあり得ます。すでにアメリカでは、コマーシャル料が3億円とも言われるプロアメリカンフットボールリーグ、NFLの優勝決定戦「スーパーボウル」のテレビ中継でCMも打っています。

2018年のCMは、クラウドベースの音声サービス「Alexa」のヘッドセットが有名人たちに届き……途中にはジェフ・ベゾス自らが登場するという内容でした。

おそらくアマゾンは、テレビCMを小さく始め、データ分析を入念に行い、現在の戦略と照らし合わせて「費用対効果が十分に見込める」と判断し、満を持して『サザエさん』のスポンサーに名乗りを上げたのだと思います。

それにしても『サザエさん』か……。〝黒船〟と言われた2000年当時から振り返ると、認知度や好感度に大きな変化が生じているという証しです。元アマゾニアンの1人として、とてもうれしく思っています。

amazon's GREATEST RULES

第5章

アマゾニアンをさらなる高みに引き上げる

人事評価

アマゾンでは360度評価を導入し、
多角的評価を行っています。
「OLPに基づいた行動をしていたか?」
が重要な評価基準です。

amazon's GREATEST RULES

評価軸の1つは「業績」もう1つの評価軸は……？

アマゾンでは、年に1回、1～3月頃に、大きな人事評価を行っています。

評価軸は、2つあります。

1つの軸は、**「業績」**です。いわゆる「KPI＝Key Performance Indicator（重要業績評価）」を達成しているかどうか。アマゾンでは、KPIを**「メトリックス」**と呼び、各部門のファイナンスが作成しています（詳しくは180ページ参照）。目標が達成できたか否か、数字できちんと管理された評価軸です。

もう1つの軸は、**「OLP（リーダーシップ理念）を体現できていたか？」**です。リーダーシップ理念に基づく行動を、普段の業務の中でしっかりとできていたかが問われるのです。

「OLPを体現できていたか？」を360度評価

業績は、毎週通達されるメトリックスの数字と照合され、各自評価されます。こちらは「あらためて評価される」のではなく「1年中随時評価されている」わけです。

一方、「OLPを体現できていたか？」は、「360度評価」によって行われます。上司からの一方的な評価で、1人のアマゾニアンの査定が決まることは絶対にあり得ません。部下がいるマネージャークラス以上の人間は、部下からも査定されます。

人事評価プロセスは、大きく2段階に分かれます。「部下のいるマネージャーAさん」を例に紹介しましょう。

第1段階は、「上司、本人、同僚、部下からのフィードバック」です。これは「OLPを体現できていたか？」をチェックするのが主目的です。

Aさんの上司は、Aさんの評価を行います。

Aさんは、今期の活動を自己分析して強み・弱みを洗い出し、来期に対する行動指針を上司に提出します。

さらにAさんの上司は、Aさんの同僚3～5名に「Aさんのフィードバックを私に送ってほしい」とお願いをします。同僚とは、同じ部署の人や、他部署であってもAさんとよく仕事をしている人などを指します。

Aさんの部下へのフィードバック依頼は、組織図に基づいてシステムで自動的に送られます。入力がされると自動的に上司に送られます。ですので、Aさんがその内容を目にすることは決してありません。

このようにしてAさんの上司は、Aさん本人、同僚、部下からのフィードバックに自分の評価を加え、「OLPを体現できていたか？」を多角的に判断します。そして、「業績」と併せてAさんの評価を〝仮決定〟します。

第2段階は、「キャリブレーション」と呼ばれる、整合性をチェックする評価会議です。「組織全体で見て、Aさんへの評価は本当に正しいか？」を検討するわけです。

1つの倉庫にAさんと同じレベルのマネージャーが何人かいるとします。Aさんの上司が辛口評価をする傾向があり、その他のマネージャーの評価が甘口傾向だとしたら、同じ働きをしても評価に差が出てしまいます。そのような事態になるのを防ぐため、Aさんの上司以上の役職の人間が、Aさんとそれ以外のマネージャーの評価を見比べるのです。「Aさんの評価はもっと高くあるべきなのでは？」といった疑問が生じると、Aさんに対する同僚や部下からのフィードバックまで立ち戻り、再度検証していきます。

Aさんは倉庫のマネージャーなので、評価会議での比較対象は「自分の倉庫の他のマネージャー」だけにとどまりません。最終的には「日本の全倉庫のマネージャー」まで横並びで検討するのです。VP（各オーガナイゼーションのトップ）などは世界各国に何十人も存在しますが、各国でまず評価会議を行った上で、最終的にはアメリカ本社が何十人を横並びで検討するわけです。

このようなプロセスを毎年行うほど、アマゾンは人事評価を重要視しています。

「フィードバック」では何を書くのか？

さて、人事評価の第1段階は「上司、本人、同僚、部下からのフィードバック」と書きましたが、フィードバックシートにはいったい何を書くのでしょうか？
「ＯＬＰ（リーダーシップ理念）」に基づくファクト（事実）を書きます。例えば、Ａさんの上司から「同僚の１人としてＡさんのフィードバックを書いてほしい」と依頼されたとしましょう。「Ａさんはこういう場面でこういう行動をしたので、リーダーシップ理念を体現できていると思う」といった内容を書くのです。１人のフィードバックを作成するだけで最低でも30分程度はかかってしまうほど、しっかり書き込めるフィードバックシートです。

また、あくまでもファクト（事実）が必要なので、普段から丹念にファクトを収集しておく必要があります。

私の場合、倉庫のネットワーク全体を見ていた頃には、全倉庫のセンター長＋αで15〜16人の部下がいました。それ以外にもフィードバックをお願いされるので、その頃には30人ほどのフィードバックを作成していました。その人のファクトをベースに書かなければならないのですが、記憶に頼るのは難しかったので、私は「こういうことがあったメモ」と名づけ、部下が何か行動をするたびにメモをとっていました。ちなみに、部下以外の人間、例えば同僚などからフィードバックの依頼を受けても、そこまで深く仕事をしていないとファクトベースでフィードバックを作成できません。その際は、「残念ながら正当な評価ができないので」と断っていました。

ちなみに人事評価の第2段階である「キャリブレーション」と呼ばれる評価会議の時も、ＯＬＰに基づいて議論をします。「ＡさんはOwnershipはすごく強いけれど、Hire and Develop the Best、つまり採用とか部下を育てるっていうところがちょっと弱いよね」

といった感じです。

ＯＬＰ14か条は、アマゾニアンにとってそれほど重要な存在なのです。

amazon's GREATEST RULES

ストック・オプション株ではなくRSU株を支給

マネージャークラス以上になると、同じレベルの人間と横並びで比較検討されます。その結果、おおよそ「上位5%」と「下位5%」、「中間の90%」の3つに評価は大別されます。

評価によって変わるものが2つあります。

1つは、「基本給」です。「世界各国のアマゾンの賃金ベースアップ指標」のような数字が存在していて、人事評価が「中間」ならほぼ指標どおり、「下位」なら昇給ナシ、「上位」なら指標より少しアップという感じになります。

けれども、基本給よりも、人事評価によって大きく差が開くものがあります。それが、**2つめの「RSU」**です。

「RSU＝Restricted Stock Unit」は、日本語で「制限付き株」と訳されます。要するに自社株のことですが、「権利行使（売る）タイミングが1年後、2年後など制限される」というのが大きな特徴です。

自社株と聞くと「Stock Option（ストック・オプション）」という言葉を思い浮かべる方が多いと思います。

現在、アマゾンが社員に与えるのは、ストック・オプションではなく、RSUです。

それはなぜなのでしょうか？

■ストック・オプションでは紙くずになる可能性がある

ストック・オプションとは「株をある一定価格で買い取る権利」のことです。例えば「1株15ドルのストック・オプション」なら、株価がいくらであってもその株を15ドルで買い取れます。100ドルのときに買えば、1株あたり85ドルの儲けがあります。

これは、逆の場合も当てはまります。1株2ドルのときに行使すれば、理論上は13

ドル払わなくてはいけなくなります。この株価で実際に行使する人はいませんが、要するに株価が15ドルを超えなければストック・オプションの権利は紙くず同然なのです。

以前はアマゾンでもストック・オプションを与えて社員に報いようとしていました。ところが、2000年頃のドット・コムバブルの崩壊により、1株40ドル以上あった株価が一気に2ドル程度まで下落し、紙くず寸前になってしまったことがありました。その手痛い教訓を生かし、社員に与える株の方式をRSUに切り替えたのです。

RSUは、売却時のキャッシュ価値を保証してくれる

RSUがストック・オプションと異なる点は、**「市場価格は保証される」**という点です。

100ドルのときに売れば100ドル、2ドルであれば2ドルになります。なので、どんなに株価が下がっても、キャッシュにすることが可能です。

ただし、前述のとおり「時間がある程度経たないと権利を行使できない」という条件があります。

評価の高いアマゾニアンに長く残ってもらうために

アマゾンにとってRSUは、ストック・オプションよりも使い勝手の良い株だと言えるでしょう。

第1に、評価の高い功労者に**「確実に」キャッシュ価値のあるものを渡せる**という点。

第2に、評価の高い功労者に**「長く」会社にとどまってもらえる**という点。時間がある程度経たないと権利を行使できませんし、自分が頑張って株価を大きく上げれば利益は莫大《ばくだい》なものになります。

経営サイドから見れば、特に後者の理由が大きいと言えるでしょう。ですから、支給の方法を工夫しています。例えば、今年の評価によって「15ドルの株を100株支給します」となった場合、「1年後に25株、2年後に25株、3年後に50株」といった割合で分割支給をするわけです。

上位は基準の何倍も！　だが、下位に入ると……

ＲＳＵは**「アニュアル・グラント」**と呼ばれ、基本的に毎年支給されますが、支給される株数は人事評価によって大きく異なります。

人事評価が**「中間」**なら、「会社の原資としてこのくらいは出せるな」という基準どおりの株数になります。

評価が**「上位」**の場合、基準の50％以上プラスで出す場合もあります。高評価を何年も続けると、前年よりもさらに支給されます。会社の成長に伴い、株価は上昇しますから、時間が経つにつれて非常に大きな違いとなってきます。

ところが、残念ながら**「下位」**なら、ＲＳＵの支給はなしということになります。昇給なし、ＲＳＵなし、場合によっては降格することもあります。

amazon's
GREATEST
RULES

第6章

アマゾンの成長を「仕組み化」する

目標管理

アマゾンではKPIにあたる
指標を「メトリックス」と呼びます。
各部門の専任ファイナンスチームが作成し、
毎週シアトルに提出します。

amazon's GREATEST RULES

アマゾンの強さを支える「メトリックス」とは？

私が読者の皆さんに声を大にして伝えたい、アマゾンの強さの秘密。

それは、**「数字＝メトリックス」を細部まで徹底管理し、ＰＤＣＡ（Plan→Do→Check→Act）サイクルを回しているところ**にあります。


アマゾンでは、アマゾンのすべての行動を「数字＝メトリックス」で管理する体系ができ上がっています。

「今週の目標は何か？」

「先週の目標達成率はどうだったか？」

といったことがすべて数字で決められています。

全アマゾンとしての目標といった大きな数字から始まり、数字はどんどん分解されていきます。最終的には「今週、この倉庫の、このラインで目指す目標数値」といったところまで分解され、徹底管理されています。つまりアマゾンでは、世界中のどの現場の人間も、今週の目標を**「数字で」理解**しており、先週の目標達成率も**「数字で」把握**しているのです。

来期のメトリックスを決定する、アメリカとのタフな交渉

先述したとおり、アマゾンのリテール、オペレーション、サービスなどの各部門はすべて縦割り組織となっています。そして、各部門専任のファイナンスチームが存在しています。

各部門のファイナンスセクションの主な業務の1つは、予算編成時にさまざまな経営指標、いわゆる**「KPI（キー・パフォーマンス・インディケーター）」**を作成することです。アマゾンでは、KPIにあたる指標のことを**「メトリックス」**と呼んでいるので、以降は「メトリックス」という言葉を使っていきます。

メトリックスは、次のようなプロセスで決定されています。私が長く在籍していた「アマゾン ジャパンのオペレーション部門」のメトリックスを例に説明しましょう。

来期のメトリックスは、アメリカのオペレーション部門ファイナンスチームとジャパンのオペレーション部門ファイナンスチームがやりとりして決定していきます。当然ながらファイナンスチームだけでなく、マネージャークラスもメトリックス作成の協力をします。

アメリカとのやりとりは、数か月以上に及びます。最も大変なのは、6～8月。こちらの基本方針に対して了解を得る時期だからです。

ジャパン側が伝える数字はかなり高い目標ではあるのですが、それでも1度で「OK」となることはまずあり得ません。常に「クリアすべき棒高跳びのバー」は高いところにあり、しかもそのバーはどんどん上がっていきます。「あなた方は非常に高い数字を達成しているので現状で十分」などと言われることは絶対にありません。**「もっと安くできる方法はないか？」「もっと予算をかけずにできる方法はないか？」**ということは必ずプッシュバックされるのです。

例えば、「倉庫に新しい生産設備を導入したいので2億円の設備投資をしたいです」という提案をしても、アメリカ側が「いやいや、せめて1億円でしょ」といった具合に、バッサリとこちらの提案を切ってくることがあるからです。

この場合、こちらも考え直すしかありません。

基本的な考え方は、2つあります。1つは「設備投資側で実現できる方法はないか？」、つまり「アメリカの提案どおり1億円でできる方法はないか？」「せめて1億5000万円くらいまでに設備投資を抑えられないか？」を考えます。

もう1つは「人件費など生産性を上げることで設備投資をしなくても想定コストでオペレーションできる方法はないか？」、つまり「設備投資は2億円かかってしまうが、他のところで回収できないか？」を考えるわけです。

このようにさまざまなアプローチでアイデアを出し、最終的に「来期は基本的にこれで行ってください」という了解を得ます。この一連の交渉が非常に大変なのです。

「正しいことにお金を使いなさい」

実際、私が在籍していたときにも「これだけの倉庫を造りたいです」という提案を、「いや、そんなに必要ないでしょ」とバッサリ切られたことがあります。「現状の倉庫の稼働率を上げればなんとかなるでしょ」と言うのです。

こちらは「スペースがないので在庫が入りません」と反論したものの、「いや、1つの棚に入る充填率を10％上げれば、2年間は倉庫を造らなくても大丈夫だよ」などと答えてくるのです。数字に非常に強い彼らですから、すぐに計算できてしまいます。実際にそのとおりだったので、こちらも脱帽するしかありませんでした。

ちなみに、**「お金がムダに外に出ていくのを抑えなさい」「正しいことにお金を使いなさい」**というのが、質素・倹約の精神にあふれるアマゾンの基本的な考え方です。

そのため、「巨大な設備投資をするくらいなら、今の倉庫で人を使ったほうがいい」と考えます。新しい倉庫を開くには、土地や建物や機械を調達した上で、人も雇うことになり、新たに賃料も発生します。それに対して今の倉庫の充填率を上げるだけなら、人件費の増加程度で収められます。
「棚に入る在庫の量を増やし、充填率を上げなさい」と言うのは簡単なのですが、実は大変です。なぜなら、うまく仕組みを考えないと、現状の在庫を取り出しにくくなったり、探せなくなったりしてしまう危険性があるからです。現在の在庫精度を維持しながら充填率を上げる工夫をし、私たちはなんとか数字を達成しました。

なぜ、アメリカ側がこれほどプッシュバックするのかと言えば、**「思考停止に陥るな」**というメッセージのようです。できない理由は考えるな。アメリカにいるオペレーション部門のトップの口グセは**「Make the Impossible Possible（不可能なことを可能にしよう）」**でした。どんなに頑張ってもできなかったのならそれはしかたない。でもたいていはできてしまうものだ——というのがアマゾニアンの基本的な考え方なのです。

重要指標に関してはシアトルに定期報告

数か月をかけたタフな交渉で1年間のメトリックスの承認を受けたら、今度は「今週、この倉庫の、このラインで目指す目標数値」といったところまで分解し、スケジュールに落とし込んでいきます。これは、どの部門も共通です。そのため、どのアマゾニアンも、今週の目標を「数字で」理解しており、先週の目標達成率も「数字で」把握しているのです。

アマゾン ジャパンのメトリックスの**重要な指標**（全体売り上げ、カテゴリー別の売り上げ、コストなど）のレポートは自動生成され、**シアトルに毎週送られます**。さらに、重要な指標に関しては電話会議で直接報告がされます。

また、入出荷数やSQCD（安全・クオリティー・コスト、デリバリー）など、オペレーションの中の**特に重要な指標**に関しては、ジャパンのオペレーション部門からシアトルのオペレーション部門トップに、**2週間に一度ビデオ会議などで直接報告**します。

特筆すべき内容が見受けられる場合には、詳細まで報告します。例えば「お客様に間違えて商品を配送してしまったことが1件あった。なぜなら……」「1ユニットあたりいくらの出荷コストが5％上昇した。なぜなら……」「納期遅れが0・01％上昇した。なぜなら……」といったように具体的内容とその理由を伝え、現状を確認し合うのです。私もよくこの報告を行っていました。

ただし、報告が「良いね、以上」で終わることはありません。数字を照らし合わせ、目標達成率が低いものがあれば、即座に原因究明を求められます。こちらの説明に曖昧な点や不明な点があると、「それは本当に根本原因なの？」と聞かれたこともしばしばありました。そして、すぐに現場で解決策を施します。

つまり、**PDCA（Plan→Do→Check→Act）サイクルが、どの現場でも常に回り続けている**状況なのです。

amazon's GREATEST RULES

アマゾン流数字の管理で会社は劇的に変われる

この項では、アマゾンを退社してから感じている、**メトリックスの重要性**についてお話しさせていただきます。

なぜなら、アマゾンに15年間在籍し、「数字で目標を決定し、管理する」ということがいつしか当たり前になっていたのですが、現在経営コンサルタントとしてさまざまな企業の方とお話をすると、決して当たり前ではなかったことに愕然《がくぜん》としているからです。

私は大学を卒業して新卒でセガ・エンタープライゼスという会社に入社し、ゲーム機やゲームソフトなどの生産管理を担当していました。

製造業ですから、生産目標や進捗率などは数字でしっかり管理し、上司に報告していました。例えば、「今月末までに10万台作る予定です。今日までに62％まで生産進捗しています」といった具合です。

ただ、アマゾンでの数字管理と比較しながら振り返ると、予実管理、つまりプランと実績を照らし合わせたにすぎません。「生産が目標数に届きそうにない場合、どういうアクションを取るの？」といったやりとりはしていません。「遅れています」と報告をして、上司から「どうするの？」と聞かれ、「一生懸命頑張ります」と答えて終わる——というレベルでした。セガという会社が云々というよりも、私自身が「数字」というものをどう扱うべきかわかっていなかったのです。

高速PDCAを当たり前のように実行

アマゾンでは、「どうするの？」「頑張ります」といったやりとりは存在しません。「うまくいっていないんだったら、うまくいくためのプランを出してください。どうやったらバックアップできるか教えてください」と言われてしまうからです。

このような環境ですから、すべてのアマゾニアンが数字に対して高い意識を持つようになります。具体的には、

「メトリックスに常に目を通し、把握しておく」

「目標達成が難しそうなところはないか、チェックしておく」

「問題を解決できる方法を考えておく」

「数字を改善する代替アクションのアイデアを考えておく」

といったことです。人に指摘されて動くのではなく、予想や予測をして備えておくのです。

そして、何かトラブルが生じた場合には、即座にアクションを実行します。非常にスピード感あふれるＰＤＣＡサイクルを、アマゾンではごく当たり前のように回していたのです。

目標が数字で示されているのは、当たり前

また、目標が数字で示されているのも、ごく当然のことだと思っていました。私は

よく会議で部下と**「あなたのプロジェクトのMeasure of Success（成功を図る指標）は何だろうね？」**という話をしました。どんな数値を達成したらプロジェクトは成功なのか――プロジェクトの大小にかかわらず、アマゾンの仕事場では常に「クリアすべき棒高跳びのバー」が明確だったのです。

ところが、アマゾンを離れ、〝外の世界〟に出てみると、いつしか自分の中で当たり前になっていたものが当たり前ではなかったのです。

私は、業種・業界を問わず、すべてのビジネスは**「Y＝F（x）」の方程式に置き換えられる**と考えます。Yは上位のKPI（例：売り上げ）、xは下位のKPI（例：売り上げを左右する要素）を指しています。

例を方程式に当てはめると**「売り上げ＝F（売り上げを左右する要素）」**となります。以降は、これをもとに具体的に解説をしていきます。

では、xにはどんなものがあるでしょうか？

顧客数、商品単価、仕入れコスト、人件費、設備費、広告費……など、実にさまざまな要素があり、すべてが「Y＝売り上げ」を左右します。

ところが、経営コンサルタントをしていて驚くのは、「Y＝売り上げ」だけが決まっていて、「x＝売り上げを左右する要素」が決まっていない会社が多いことです。

例えば、「目指せ、売り上げ100億円！」などと花火だけ打ち上げられ、具体的な行動目標は何も決められていないのです。いったい何をどう頑張ればいいのでしょうか？　社員は困惑していることでしょう。そして、奇跡でも起きない限り、売り上げが100億円に到達することはないでしょう。


「『目指せ、売り上げ100億円！』以外の数字は決めない……？　そんなバカな会社あるわけないでしょ？　ウチの会社は営業が毎月ノルマを決めて動いているよ」と笑う人もいるかもしれませんね。

実は、このパターンの会社がほぼすべての割合を占めています。

売り上げを左右する要素であるxはたくさんあるのに、営業しか数値目標を出していない。しかも、その営業の数値目標も大ざっぱで、たとえ未達であっても改善のアクションが取られていないというパターンの会社です。

ですから、「売り上げを100億円にするには、マーケティング部門が新規顧客を1万2000人連れてくる必要があり、営業が8000人に販売する必要があり、仕入れ担当がコストを1000円下げる必要があり……」という方程式を、すべての部署で作る必要があります。

その上で、「マーケティング部門が新規顧客を1万2000人連れてくるには、1か月に1000人、週に250人連れてくる必要がある。現状のプランでうまくいかなかったら、このような代替プランを実行する」といったように、月単位、週単位で目標数をブレイクダウンし、代替プランを考えておく必要があります。

私はコンサルティング先の社員の方々に**「あなたの今月のゴールは何ですか？　現状の達成率は何%ですか？」**と聞くのですが、ほとんどの場合、「わかりません」という返答になってしまいます。

数値管理を行わないから、問題が発見できず、たとえ問題を発見できても対策が遅れてしまうのです。

目標を数値化するために必要なこと

では、どのようにすれば良いかをあらためてまとめます。

■目標をブレイクダウンする

まずは、すべての物事を数値で管理できる仕組みを作るところからスタートしましょう。

・1年間の売り上げ目標を数字で決める
・各部署の年間目標を数字で決める
・年間目標を月次目標に、月次目標を週次目標にする
・達成のためのアクションを考える
・未達の際の代替アクションを考える
・目標を集約する

をやればいいだけです。仕組みは、エクセルなどのソフトで簡単に作れます。数字を出すのも、自分たちの仕事のことですから決して難しくはありません。

目標を「見える化」し、チェックするタイミングを決める

目標を作るだけでなく、「見える化」やチェックするタイミングも重要です。

- **年間目標、月次目標、週次目標を「見える化」し、部署のメンバー全員で共有する**
- **達成度を、誰と誰が、どんな頻度で、どのようにチェックするかを決めておく**
- **達成度を「見える化」する**

などです。

よく陥りがちなのが、「誰かのパソコンの中に情報が眠ってしまう」という事態です。私はアマゾン時代、それを避けるために「パソコンで作るだけでなく、必ずホワイトボードに書く」というルールを徹底してもらいました。

倉庫の出荷などは、実に1時間単位で目標が定められています。例えば「9：00〜10：00　95／100」などとホワイトボードに大きな文字で書くだけで、現場の人た

ちには「さっきの1時間の達成率は95％だったのか。この1時間はもっとペースを上げないと」というメッセージが端的に伝わります。

数値目標の設定は「正解のない時代」に自ら「正解」を決める行為

ビジネス環境の変化が激しく、なかなか成果が出づらくなった時代なのは事実です。けれども、「正解のない時代」という表現で、成果が出ないことを環境のせいにしている企業が多いのも事実です。

「正解がない時代」だからこそ、自分たちで「ゴールを設定する」必要があるのです。すると、社員全員が同じベクトルで、迷わず、躊躇《ちゅうちょ》せずに進めます。会社を成長させる上で、非常にシンプルかつ強力な方法です。

数字を示すタイミングも非常に重要です。上司から1か月後にまとまった数字を出されて「君たちうまくいってなかったみたいだね」と言われたら、部下は「もう少し早く言ってくださいよ」という気持ちになります。原因を聞かれても「だいぶ前のことなのでわからないです」としか答えようがありません。だから、結局、「うまくいかなかった」という結果だけが残り、次へのアクションが取れないまま、仕事を進めることになります。

数字を示すことで、部下のモチベーションを下げてしまったのでは逆効果です。数字を示すのは、あくまでも改善アクションに生かすためです。毎日がいいのか？　毎週がいいのか？　**数字を共有する最適なタイミングをルール化する必要**があるでしょう。

また、そもそも何の数値目標も示さず、ただ「一生懸命頑張れ」と言うだけの会社は、あえて強い言葉を使わせていただくならば、社員に対してすごく無責任な会社だと言えます。なぜなら、社員の業績を正しく評価しようとしていないという証拠だからです。社員の頑張りを、感覚で、主観的に評価せざるを得ないからです。

アマゾンでは、**社員を大切にし、客観的かつできるだけ公平な評価を与える**ために数字を活用しているのです。

Column

自然災害とアマゾン

「お客様との約束は必ず守る」という信念を持つアマゾンにとって、自然災害が起きた場合の対処は非常に重要です。特に、私が長く在籍したオペレーション部門では、緊急かつ重要議題となります。

「雪」と「台風」の予報が出たときには、3日ほど前から準備を始めます。オペレーション部門の責任者たちが集まり、シミュレーションを始めるのです。

アマゾンの倉庫は全国各地にあります。それらすべてに関して「ダメージを受ける可能性があるエリアはどこか?」「考えられるダメージの大きさはどれくらいか?」「電車が止まったときにどれくらいの人間が出社できなくなるか?」「配送予定の貨物はどれくらい遅延するか?」など、サプライチェーンの始めから終わりまで、すべてのプロセスを丹念に試算していきます。

試算の結果、もしも「雪によって労働力が不足して通常の6割くらいしか出荷できない」とわかったら、サイトでオーダーを受けてから出荷までの時間を逆算していきます。そして「通常よりもプラス1日は必要だ」という計算が出た場合は、システムに依頼し「○月○日以降にご注文いただいたオーダーは2日後に到着します」といった表示をして、お客様にお知らせするのです。

当日は、さらに慌ただしくなります。出荷先の配送業者さんたちとも頻繁に連絡を取り、「東名阪が動かない」などの情報を収集していきます。そして、2時間おきに責任者全員で電話会議が行われ、刻一刻と変化する天候状況に対処していきます。

場合によっては、カスタマーサービスから該当するお客様に遅延情報のメールを流してもらうなど、連携して乗り切っていきます。

「お客様の期待を裏切ってはいけない。もしも期待を裏切る危険性があるのなら事前にお伝えしましょう」というスタンスで、全力の対処をするのです。

東日本大震災の教訓を生かして

雪や台風などの自然災害にどう対処するか？　アマゾン ジャパンでその仕組みが確立されたのは、やはり2011年3月の東日本大震災からだったと言えます。

その日、私は打ち合わせのために上司のジェフ・ハヤシダ、その他オペレーションの主要メンバーと共に大阪・堺にいました。

「日本ですごい地震が起きた」というニュースは、シアトルのアメリカ本社に入りました。アメリカからすぐに東京に連絡が行きましたが、日本の電話回線はパンクし、連絡が取れません。新幹線をはじめとする鉄道網もストップし、私たちは大阪から東京に帰れない状況でした。そこで急遽《きゅうきょ》大阪を拠点にし、アメリカへ東京のようすを朝、昼、晩の電話会議でレポートしながら、さまざまな対策を打つことにしました。

被災地となんとか連絡を取りながら状況を把握していくと、当時5つあった倉庫のうち、市川と八千代の2つの倉庫は完全にシャットダウンしなければいけない状態となっていました。ほとんどの商品が棚から落ち、棚はいくつも倒れてしまっていました。オフィスの天井などが落ち、危険で屋内に入れない状態。コンベアなども、揺れで大きく移動してしまっていました。当時のアマゾン ジャパンの出荷能力の7割ほどが削がれるほどのインパクトでした。

そこで、稼働している倉庫の在庫だけはお客さんが購入できるようにして、それ以外のものはすべて購入できないようショッピングカートを表示させない処置をしてもらいました。翌朝、つまり3月12日の朝には、処置が完了していました。

この処置が遅れていたら大変なことになっていたと思います。3月12日には、ミネラルウォーターなどの販売ページへのアクセスが集中していたからです。もしもここで「オーダーを受けました」という処置がなされてしまったら、お客様は商品が届くことを期待してしまいます。もしも届かなかったら、命に関わる重大事となるからです。

と同時に、シャットダウンした倉庫を1日でも早く営業を再開できるように全力を挙げました。余震も絶えず起きていましたし、倉庫内に入れる人も限定されていましたから、社員も、入出荷を委託しているサードパーティーの企業も「倉庫に来たところで何もできない」という状態です。

まず社員には「生活は保障するから家で待機していてください。給料もしっかりお支払いしますので」と伝えました。そして、サードパーティーの企業にも「ロス分は折半していきましょう」とアナウンスをしました。再開にあたって何よりも重要なのは、人員。人が離れていってしまうことが私たちにとっては最も困ることでしたので、つなぎ止めるのにも必死でした。

復旧に至るまでに、とにかく私たちが重要視したのは**「情報の透明性」**でした。震災直後は、情報が錯綜《さくそう》してしまい、何が本当に正しい情報かわからなくなっていたし、自分たちがどうすべきかもわからなくなっていました。

そんな中、アマゾン ジャパンでは、電話会議で情報をシェアして、自分たちがどう動くべきかを話し合い、いったん決定したらそのとおり動くという流れが、必然的にでき上がっていきました。各部署だけでなく全社的に、かつサードパーティーや配送業者さんなどの協力先も含めた形で、1つの情報を共有できる仕組みが確立されていったのです。

この東日本大震災での経験を元に構築された仕組みが、現在のアマゾン ジャパンの危機管理対策のベースとなっています。

amazon's GREATEST RULES

第7章

世界を革新するアマゾニアンの

アイデア

アマゾンには、社員のアイデアを称える
アワードがいくつかあります。
会議においても「冒頭15分沈黙」など
独自のルールが存在しています。

amazon's GREATEST RULES

社員のアイデア創発を促すアワードの仕組みとは？

「はじめに」でも触れたとおり、アマゾンには**「Door Desk Award（ドアデスクアワード）」**と呼ばれる社員表彰制度があります。これは、非常に大きなコスト改善を行い、顧客満足度向上のために大きなインパクトを与えた社員に贈られる賞で、受賞者には創業時の倹約の象徴であるドアデスクのミニチュア版が送られます。

このミニチュアにジェフ・ベゾスが手書きする**「Customers Rule!（お客様が決めるんだ！）」**というメッセージに、アマゾンという会社のすべてが集約されています。「Door Desk Award（ドアデスクアワード）」は、アマゾンの中で最も権威あるアワードであり、アマゾニアンたちのアイデアを引き出す有効な仕組みとして機能しています。

それ以外にも、アマゾン ジャパンで授与される代表的な3つのアワードがあります。それぞれ紹介しましょう。

■「Just Do It!」アワード

「Just Do It!」は、スポーツメーカーのナイキの有名なキャッチコピーです。あまり深く考えず、「とにかくやろう」と行動した人たちを称えます。ナイキの靴が片方だけ、トロフィー代わりに授与されます。

■「インベンション」アワード

実用新案や特許を取得した人に贈られます。プラスチックの厚板をジグソーパズル型にくり抜いたオブジェが、トロフィー代わりに授与されます。

■「チーム」アワード

単一の部署だけではなく、さまざまな部署の人が協力して、大きな成果を出すことができた場合に贈られます。ミニチュアのサッカーボールが、トロフィー代わりに授与されます。

どのアワードも、すべてノミネート制

アマゾンでは、基本的に四半期に1回、「All Hands」と呼ばれる全社ミーティングを開催しています。そのミーティングが、各アワードの表彰式を兼ねています。ドアデスクアワードや「Just Do It!」アワードは各国表彰なので、世界各国のアマゾンでも日本と同じように授賞式が行われているはずです。

受賞に至るまでのステップについて解説します。

まずは、ノミネートからスタートします。All Handsの1か月半ほど前にアワードのとりまとめを担当するマネージメントチームから「ノミネーションしてください」という連絡が社員に一斉に送られます。上司や関係部署、同僚などが見て「この人はこの賞に値します」「このチームは賞にふさわしい」というケースがあれば、まずは「その人ないしはチームがどんな成果を挙げたのか」を簡単にまとめて提出します。

提出されたものにマネージメントチームが目を通し、これはと思った人やチームについては、推薦者に「さらに詳しく書いてほしい」という連絡が来ます。そして、最終的にアワード受賞者が決定されます。

アワードの重要な意義はレコグニション

トロフィー代わりに授与されるものが、ドアデスクのミニチュアやナイキの靴（しかも片方だけ）であることからもわかるとおり、金銭的価値は特にありません。

このアワードの重要な意義は、レコグニション、つまり仲間からの賞賛なのです。仲間たちに自分たちの行動を知ってもらい、認めてもらい、感謝してもらう――それが金銭的報酬以上の「喜び」という大きな報酬となるわけです。受賞者は、ドアデスクのミニチュアやナイキの靴をデスクの上などに飾って楽しそうにしています。

実際のところ、アワードの受賞効果は絶大です。業績が明らかなので年に1回の人事評価にも加点要因になります。昇進の際にも活《い》きます。「チームアワードを取ったチームのマネージャーだね」といったように、話がスムーズになるからです。

ですから私は、なるべく部下たちに受賞させてあげたいと思い、ノミネートの「ネタ探し」は常に行っていました。そして、「必ず自分の部署から1人は推薦しましょう」と伝え、ダメ元でも推薦するようにしていました。


実際、「アワードを受賞したい」「アワードを取らせてあげたい」という思いで日々の仕事にあたっていると、さまざまなアイデアが生まれ、ブラッシュアップされていきます。また、大きなモチベーションにもなります。私が長く在籍したオペレーション部門では、改善活動を行っています。良いアイデアが出ると、「これでドアデスクアワードを目指したいね」という話になり、雰囲気良く盛り上がれるのです。

オペレーション部門がドアデスクアワードを受賞した例として私の記憶にあるのは、「包装資材のコスト削減」です。包装資材のデータ分析を行い、「さまざまなサイズが存在していた段ボール箱のサイズを少なくする」「封筒の素材などを見直し、今まで段ボールで送付していた商品の封筒送付を可能にする」など、さまざまな画期的なアイデアが評価され、大人数で受賞しました。

amazon's GREATEST RULES

パワーポイントの使用NG 1ページor6ページでまとめる

アマゾンでは、**「説明資料は箇条書きにせず、必ず文章形式で書く」**というのが基本ルールとなっています。プレゼンテーションでは、パワーポイントの箇条書き形式で資料を作る企業も多いと思います。けれども、アマゾンではNGなのです。

なぜか？　「後からその資料を読み返しても内容がわかるものでなければならない」という考え方があるからです。

パワーポイントの資料を使ったプレゼンテーションの場合、キーワードだけを箇条書きにしているのでわかりやすいですし、動画などが盛り込まれるとさらに印象的です。プレゼンテーターは、箇条書きの行間を埋めるようにして、話を展開していきます。うまくハマれば、一体感を作ることができるでしょう。

その一方、「後で困ることが出てくる」とアマゾンでは考えます。例えば、「出席者ごとに箇条書きの行間の解釈に差異が生まれてしまう」「プレゼンテーターが話したことを忘れてしまう」「言った、言わないで揉《も》めてしまう」などです。

実は、アマゾンでも初めの頃はパワーポイントを使ったプレゼンが行われていました。そこに〝禁止令〟を出したのは、他ならぬジェフ・ベゾスです。

なぜなら、ジェフ・ベゾスは、社内会議などで1週間に何十もの報告を受ける身です。そのいちいちすべてを覚えていられるわけはありません。資料を読み直してみるものの、「何を言いたいのか、よくわからない」と腹を立ててしまったのです。

そこで、2006年頃だったと思いますが、「パワーポイントのアニメーション作りなんかに時間をかけるな。すべて文章形式で書くように。その資料を読んだだけでわかるようにしろ」となったわけです。

1ページか6ページで要点を書く

ただし、文章形式だからといって、ダラダラと長く書いて良いわけではありません。

基本は、「A4で1ページ」か「A4で6ページ」のどちらか。私たちはこれらを**「1ページャー」と「6ページャー」**と呼んでいました。

ビジネスドキュメントのほとんどは「1ページャー」で

報告書などのドキュメントは、基本的に1ページでまとめます。

例えば、トラブル発生に関する報告書の場合、「トラブルの具体的内容／究明されたトラブルの原因／実際に行った対策」について1ページで簡潔にまとめます。ここでも、ファクト（事実）を具体的に書くことが求められています。

アマゾンで閲覧されるドキュメントのほとんどは1ページものです。

年次予算やプロジェクトは「6ページャー」で

一方、年次予算や大がかりなプロジェクトに関しては、6ページでまとめるのが基本です。プロジェクトに関しては「プロジェクトの概要／財源／目標とする指標」などをコンパクトにまとめます。

ただし、グラフや表などは別添とし、枚数にカウントはしません。

高い作文能力が求められる

ジェフ・ベゾスは本が非常に好きで、高い読解力、文章作成力を備えた人物です。かつて、アマゾニアンたちの文章作成力を嘆き（十分高い能力ではあると思うのですが……）、「入社試験で作文を課そうかな」と、笑いながら言っていたこともあったほどです。そのため、論理的で簡潔な文章を作成する能力は、アマゾニアンたちにとって必須の能力の1つです。

ちなみにベゾスのひと言は冗談ではなくなり、現在では入社試験で作文の宿題が出ています。

なお、マネージャークラス以上になれば、ドキュメントを英語で作成しますので、この肩書き以上で求められるのは**「英語の文章作成能力」**ということになります。私も実際、英語でドキュメントを書いてきました。

ただ、個人的な感想を言えば、英語は日本語よりも簡潔かつ論理的な文章を書きやすいと感じました。

また、自分がネイティブスピーカーでなく、修辞表現をたくさん知っているわけではないことも幸いしました。基本的な単語を使ってファクトベースで書くことに徹することができたからです。ですから、「アマゾンに入社して活躍したい」と思いながら英語がネックになって二の足を踏んでいる方には、「基本的な英語能力があれば、あまり臆する必要はないのではないか」とお伝えしたいです。

余談ですが、ジェフ・ベゾスの印象をひと言で例えるなら「恐ろしく頭の良い人」です。私は母国語でない英語で話をするので、少したどたどしくなりますし、ボキャブラリーも限られます。そんなときでも私が何をどう説明しようと思っているのか、すぐに理解してくれました。ベゾスとのコミュニケーションは、ストレスがなく、とても楽でした。

また、我々とは違うレベルで物事を考えている人物であることもわかりました。説明を聞き終えて「つまり、こういうことだよね？」というまとめが、こちらのイメージをはるかに超えてくるのです。説明したこちら側が、「そういうことだったのか」と気づかされることもたびたびでした。

amazon's GREATEST RULES

新しいアイデアの提案はプレスリリース形式で行う

また、アマゾン内での情報共有の大きな特長として、**「プレスリリース形式」のドキュメント作成**があります。

プレスリリースと言えば、当然ながら「新しいサービスのスタートや新商品の発売の際、広報（ＨＲ）がプレス向けに配信するもの」です。

アマゾンでは、このプレスリリースを社内プレゼンテーションで使用したり、新しく結成されたプロジェクトチームのイメージ共有のために使用しているのです。

なぜ、社内プレゼンテーションやチームのイメージ共有をプレスリリース形式で行うのか？　理由は、「プレスリリースには相手の知りたいことが網羅されている」からです。

社内プレゼン用の資料を例に解説していきましょう。

例えば、「都内のオフィスのデスクまで、おいしいコーヒーをお届けするサービス」を新規事業として提案したいと思ったとします。

そのとき、提案者はまず、プレスリリースを作成するのです。

具体的には、

- **新サービスの概要**
- **お客様の声**
- **担当者からのコメント**
- **新サービスのユニークな特長**
- **FAQ**
- **問い合わせ先**

などを押さえた内容で作成するのです。

以下は、私が勝手に想像した新サービスですが、プレスリリースの例を書いておきます。

●表題

デスクまで1時間以内に到着！　ワンコインで淹《い》れ立てのコーヒーが楽しめる新サービスが1月から23区内でスタート！

●概要

アマゾン ジャパン（東京都目黒区）は、2020年1月15日から、東京23区内のオフィス向けに、「コーヒーを注文すると、1時間以内にデスクへ到着、その場で淹れ立てのコーヒーを淹れるサービスを開始しました……（以下、概要）。

●お客様の声

「今まではオフィスを出てコンビニまで買いに行っていたので、寒い日などはツラかった。このサービスが始まって、冬でも手軽にコーヒーを楽しめるようになりました」（渋谷区・IT関係・30代女性）、「本格喫茶に行かないと味わえない銘柄も揃《そろ》っている。自分のお気に入りの1杯を毎日楽しめるのがうれしい」（千代田区・衣料関係・20代男性）……（以下、その他）。

●担当者からのコメント

「コーヒーが癒やしになると考えている人が多いのにもかかわらず、ビジネスの合間に楽しむことはできないという声が強くありました。そこで……（以下、コメント）」

●新サービスのユニークな特長

特長に関しては、以下のとおりです。

・ワンクリックで、1時間以内にデスクまで到着。
・「淹れてからお届け」か「専門資格を持つ人間がその場で淹れる」のどちらかを選択。
・1杯ごとに異なる銘柄を選択可能。希少な豆も多数ラインナップ。
・年間法人契約も可能。

……（以下、サービスの特長）。

●FAQ

・サービス開始日：2020年1月15日
・サービス対象エリア：東京23区
・サービス提供価格：1杯500円＋税

……（以下、FAQ）。

●問い合わせ先

お問い合わせはこちらまで……（以下、問い合わせ先）。

プレスリリースがあれば「どんなお客様が対象で、どんな点に喜びを感じているのか?」が、具体的な光景としてイメージしやすく、事業の目的がハッキリします。と同時に、「事業としての採算性があるのか?」「対象エリアなどに問題はないか?」提案内容の不備や問題点も「見える化」されていきます。

そのため、新しいアイデアの提案、プロジェクトのイメージ共有など、メンバーで話し合う際の〝叩き台〟として非常に有効なのです。

私が読んだ中で、もっとも秀逸なプレスリリース

アマゾンの中で〝伝説〟と呼ばれているプレスリリースがあります。私も実際に目を通し、「素晴らしいプレスリリースとはこういうものなのか!」と感動した覚えがあります。サービスの具体的内容が目に浮かび、お客様が喜んでいる声が聞こえ、事業の採算性や将来性が見込めることが手に取るように伝わってくるのです。

それは、**「プライムパントリー」**というサービスのプレスリリースでした。

ある日シアトルで、1人のヴァイス・プレジデントが、ジェフ・ベゾスに「ジェフ、

こんなアイデアを考えてみたんだけど……」と、プレスリリース形式のドキュメントを手渡しました。会議の席というわけでもなく、何気ない時間だったそうです。そこには、「プライムパントリー」という新サービスについて、まとめられていました。アメリカの家屋には、缶詰や穀物を収納している、「パントリー」と呼ばれる食糧倉庫があります。「そのパントリー代わりに、アマゾンを使いませんか？」という提案です。

それまでアマゾンでは、商品を大量販売していました。例えば、ジュースを買うとなったら、箱でしか買えない（24本入り＝2ダース）といった具合です。ところが、「プライムパントリー」を立ち上げ、アマゾンの倉庫がたくさんのお客様の「パントリー」になれば、コーラ1本、ポテトチップス1袋の単位で、お客様は商品を買えるようになる――という内容でした。

プレスリリースを数分で読み終えたジェフ・ベゾスは、その直後に「ぜひやってほしい」と返事をしました。そして、提案したヴァイス・プレジデントが事業リーダーとなり、数百億円規模とも言われる新サービスの立ち上げが即断実行されたのです。

amazon's GREATEST RULES

アマゾンの会議は「冒頭15分沈黙」が基本

これまで述べてきたように、ドキュメントは基本的に「1ページャー」あるいは「6ページャー」で作成します。そして、新規事業などのアイデア提案は「プレスリリース形式」で行います。

それもあって、アマゾンの会議は他社と少し雰囲気が異なるかもしれません。

会議冒頭は、出席者が全員沈黙しているからです。

例えば、会議室に行くと、今回ドキュメントを提出した人間は当然早めに来ていて、ドキュメントはテーブルの各自の席に配布してあります。その後、会議の出席者が開始時刻までに順次やってきて席に着きます。すると、配布されたドキュメントを読み始めます。

「6ページジャー」の資料は、最後まで読み終えるまでに15分ほどかかるでしょうか？その間、出席者は無言で読んでいます。コピー用紙をめくる「カサッ」という音だけが会議室に響きます。アメリカと電話回線をつないで会議をする場合も多々ありますが、あちらからも「カサッ」という、ページをめくる音だけが聞こえてくるのです。折り合いを見て、ドキュメントの提出者が「読み終わりましたか？」と出席者に投げかけをし、ＯＫならばようやく話し合いが始まるのです。

話し合いは、ドキュメントに対しての質疑応答となります。

「まずは1ページめで質問ある人はいますか？」

「3行目の文章だけど、これってどういう意味？」

「5行目に関してはどんなふうに考えているの？」

といった質問を受け、提案者がきちんと説明をしていきます。最終ページまでこれを続け、質問がなくなった時点で話し合いは終了となります。

アマゾンにおける、会議の理想状態はどんなものでしょうか？

それは、

「1枚め、質問はありますか？」

「何にもなし」

「2枚め、質問は？」

「なし」

と続いて、最後まで「なし」のまま終わる会議です。

このように進むと、出席者から「ウェルダン」と言われ、全員の拍手で賞賛されます。**「突っ込む余地がないほどよく練られたアイデアであり、完璧な資料だった」**ということだからです。

実際、アマゾンでは、良い会議ほど短い時間で終わります。社長との打ち合わせなどでは、会議室の前で順番待ちをすることがありますが、前のチームがすぐに出てくれば「うまくいったんだな」、逆になかなか出てこなければ「やり直しを求められたんだな」とすぐにわかります。

amazon's GREATEST RULES

会社の方向性を浸透させる「オフサイトミーティング」

アイデアを出すという点で言えば、アマゾン ジャパンではよく**「オフサイトミーティング」**を行っていました。

オフィスから離れた環境でいろいろな話をしようという考え方は、アメリカの企業では昔から取り入れられていました。最近では、日本の企業にもその文化が定着しつつあります。空きスペースの検索サイトを利用して鎌倉など歴史ある街の雰囲気ある民家を貸し切り、オフサイトミーティングを行う企業も出てきたようです。

オフィスにいると、電話がかかってきたり、メールが届いたり、なかなか集中しづらいものです。そこでオフィスからまったく離れた場所で、1つのテーマに対して集中的に議論します。

私が長く在籍していたオペレーション部門でも、都心から離れた宿泊施設などで1泊2日のオフサイトミーティングを年に数回程度は行っていました。マネージャークラスが全員集合し、ミーティングルームを借ります。そして、日中はミーティング。部署ごとの目標を発表したり、アイデア出しを行います。夜は、交流を深める。食事をしたり、飲みながらコミュニケーションを取りました。普段は会社としては「飲みニケーション」を行わないアマゾンですが、メリハリをつけ、オフサイトミーティングのときは積極的に行っていました。

ちなみに、私が出席した中で最も大きなものは、「ワールドワイドオペレーションズアンドカスタマーサービス」のオフサイトミーティングです。これは、年に1回必ず行われるイベントです。世界各国のアマゾンのオペレーションとカスタマーサービスの責任者が一堂に会し、アメリカでミーティングを行いました。

参加者は、たしか300人ほどだったと思います。巨大なホテルを3日間借り切って、各部署が発表したり、ディスカッションを行ったりしました。

アメリカのみならず、ヨーロッパや日本からも責任者を呼ぶわけですから、費用は相当かかります。また当然ながら、オペレーションズアンドカスタマーサービスの部門だけでなく、リテールその他の部門でも行っているわけです。アマゾンではそれほど「オフサイトミーティングは重要性が高い」と考えていたわけです。

共通認識とネットワークを作る

オフサイトミーティングの意義は、大きく2つです。

1つは、会社の大きな方向性や新テクノロジーなどの情報共有を通して**「参加者の共通認識を作る」**という点。ジェフ・ベゾスが足を運んで私たちに対してスピーチをしたこともあるし、シニア・ヴァイス・プレジデントが1時間ほどの講演をしたこともあります。ドローン活用のニュースが発表された直後には、ドローンの開発責任者がその意図を解説してくれたこともありました。また、私たちとは事業の異なる「AWS」の責任者が登場し、テクノロジーについていろいろ説明してくれた回もありました。

もう1つは、**「ネットワーク作り」**という点。同じ業務に携わり、共通の課題を抱えた人間が顔を合わせて話をすれば、「そうか、君たちのところはそんな方法でやっているのか！　ウチはこんなやり方でやっているんだよ」といった話題で非常に盛り上がります。刺激を受けますし、アイデアの交換もスムーズに行われます。

ジェフ・ベゾスがトヨタの「カイゼン活動」に関心を持ち、アマゾンにも導入しようと言い始めた頃には、オフサイトミーティングの一環として、シアトルにあるボーイング社の工場を視察したことがあります。当時、ボーイングの工場は、トヨタの「カイゼンチーム」の指導を受け、工場内のオペレーションを一変させた後でした。

ミーティングで聞いたこと、他国の責任者から聞いたこと、また視察などで見たことを私は日本に持ち帰り、ミーティングで話をしました。そして、会社のビジョンを隅々まで浸透させつつ、「自分たちは何を目指して仕事をすると良いのだろうか？」といった議論を交わしながらメンバーのベクトルを揃《そろ》えていきました。

各国の責任者たちも、同様の動きをしていたはずです。そう考えるとオフサイトミーティングは**「費用対効果の高い」イベント**であったと言えるでしょう。

amazon's GREATEST RULES

最適な組織を編成するための「ピザ2枚ルール」とは？

アマゾンには「部署間のコミュニケーションを増やす方法ではなく、減らす方法を考えるべきだ」という基本的な考え方があります。その象徴とも考えられる「ルール」が、この**「ピザ2枚ルール」**です。

日々の仕事のコミュニケーションを、最小かつ迅速に進める上で必要なことは、

- **最適な人数でチームを編成すること**
- **問題に直面している人で編成すること**

です。実際、21世紀に入り、企業が巨大化する中で、「なかなか決められない」「決めてもすぐに動けない」といったジレンマを抱える組織が多くなっています。

ジェフ・ベゾスは、問題解決とチーム編成においても先進的な考え方を持つ人間で、早くからこの問題に気づいていました。すでに1990年代の終わり頃には「ヒエラルキー型の組織では変化に対応しきれない」と口にしているのです。自律的な実働部隊だけがあれば良く、実働部隊を管理する人間はいらないと考えました。特にテクノロジー開発の分野においては、組織の重さが致命的になることをベゾスは危惧していたわけです。ところが、飛躍的な急成長により、アマゾンはヒエラルキー型のチームを編成しつつありました。

そこでベゾスは、2002年に入ると、ジェフ・ベゾス直轄の「S-Team」に1つのアイデアを披露しました。それは**『ピザ2枚チーム（トゥー・ピッツァ・チーム）』で全社を再編する」**というものでした。

「ピザ2枚」とは、夜食でピザを注文した際、2枚頼めば全員のお腹を満たせる程度の人数という意味です。実際の人数で例えるなら5~6人程度、多くても10人未満といったイメージです。

1つのプロジェクトにあたる人数が10人を超えると、必ずヒエラルキー型の編成になっていく。すると問題の当事者は判断を上司に委ねることになる。これでは、スピード感のあるアクションは取りにくい。いちばん効率よく動ける、機動力のあるチームが、「ピザ2枚」程度のチームなのだ——というわけです。

現在、「ピザ2枚ルール」は開発チームの基本ルールとして機能しています。法務や財務には適用しづらかったために特に適用されておらず、全社的な普及には至っていません。また、開発部門はアメリカに集約されているため、アマゾン ジャパンにも「ピザ2枚ルール」は特に存在していません。けれども、アメリカの開発チームだけでなく、世界各国のアマゾンで「アマゾニアンたちの自律的行動を妨げるヒエラルキー型の組織」を作らないよう注意しようという強い意識は常に働いています。

イベントがあるとピザを食べる

話は少し横道に逸れますが、ピザはアマゾンでは欠かせない食べ物です。アメリカだけでなく、ジャパンでもそれは同様です。新入社員が入社して1週間ほど経つと、恒例行事として「歓迎ランチ会」を開催します。その社員と、上司にあたる人間と人事責任者などで集まり、ランチを食べるのですが、特に私の勤めていたフルフィルメントセンターではそのときに出されるのが宅配ピザなのです。

ピザをほおばりながら、フランクに会話をして、1つのチームになっていく――というのがアマゾンのスタイル。「同じ釜のメシを食らう」のことわざではないですが、「1枚のピザをみんなで食べる」という行為がアマゾンの企業DNAにフィットしているのだと思います。

新人歓迎会以外でも、何かの節目でピザをよく食べる会社です。新しい倉庫の立ち上げの際には、「近くでピザを調達できるか?」も、場所選びの重要な要因になったりしています(笑)。

まだ千葉県・市川市に倉庫が1つしかなかった時代に、倉庫を新設することになりました。その建設途中、一時的に神奈川県・川崎の製鉄所の中に倉庫を借りてオペレーションをしていたことがあります。川崎にコストコがオープンした頃だったので、仕事が一段落したときなどは、メンバーの誰かが車でコストコへ行き、大きなピザを買って食べていました。とても懐かしい思い出です。

amazon's
GREATEST
RULES

第8章

アマゾニアンが追い求める

スピード

「メトリックス」の徹底活用、
「Bias for Action」の理念など、
アマゾンには驚異的なスピードを
生み出す仕組みが多数存在しています。

amazon's GREATEST RULES

〝人類最速〟のPDCAを下支えする社員用オープンデータベース

前述したとおり、私の直属の上司であり、現在アマゾン ジャパンの社長を務めるジェフ・ハヤシダはアマゾンのことを「F1を走らせながら修理して、しかもチューンナップする会社」と表現しました。

F1に例えても、まったく誇張ではありません。それほどまでに、アマゾンはすべての事業を高速回転させています。

では、この〝人類最速〟とも言える事業スピードは、いったい何によって生み出されているのでしょうか？

大きなカギは、**「メトリックス」**（詳しくは180ページを参照）の存在です。

迷ったり躊躇《ちゅうちょ》したりする、ムダな時間が存在しない

メトリックスが存在し、現場の隅々まで浸透しているため、成功の基準は常に明確です。アマゾニアンたちは、迷ったり躊躇したりしません。瞬時に「何をすれば良いのか？」を判断し、実行できます。

残念ながらほとんどの企業には、アマゾンのメトリックスのように「日々我々がやっている業務がどうしたら成功している状態なのか？」という答えが存在していないのです。

また、メトリックスがあることにより、常に目標と現状の対比ができます。目標に達しそうにないと思えば改善アクションを取る必要があります。その打ち手が速いので、現状の悪化を最低限にとどめ、軌道修正を行えるのです。

どの現場でも、恐ろしいほどのスピードでＰＤＣＡをくるくるとループさせながら上昇し、アマゾンを成長させていくイメージです。

社員なら誰でもアクセス可能なデータベースが存在

ちなみに、アマゾンには**「データウェアハウス」**と呼ばれるデータベースが存在し、社員なら誰でもアクセスが可能です。自分たちの現場で通常とは違う動きがあったがその原因がわからず、データを解析したいなと思うときなどに非常に役立っています。

わかりやすく書籍を例に挙げて解説しましょう。まず、「何時頃から売り上げが伸びたか?」「類書の売れ行き状況はどうか?」「何人がそのページを見に来たか?」「そのうち何人が実際にショッピングカートに入れたか?」などもわかります。端的に言えば、過去の履歴を元にサイト上のすべての行動は追跡・分析できるわけです。

例えば、ある動物の本が、突如大量に売れ出したとします。ある地域や年齢層に人気なのか、動物本全体のブームなのか、などはデータを分析すればわかります。そのデータをもとに、リテール部門は次の仕掛けを考えることができるわけです。

さすがに「テレビ番組で本が取り上げられて火が付いた」といったことはデータベース分析だけではわかりませんが、類推はできます。その場合は、ネット検索などを行い、理由を突き止めていきます。急激に売れることをアマゾンでは「スパイク（Spike）」と呼びます。これは折れ線グラフにすると、そこだけが針のように飛び出すからです。「この商品、なんで昨日スパイクしたの？」「それ、昨日どこどこの番組で特集されてたんですよ」といった会話がアマゾンではよく交わされています。

こういったことが、世界中のアマゾンのすべての商品について可能なのです。しかも、自分の知りたい項目だけを、ドラッグ＆ドロップで簡単に引っ張り出せます。アマゾニアンたちは、リテール部門に限らず、さまざまな部門がデータベースを有効活用しています。だからこそ、迅速な対策が打てるのです。

安全面を疑われないように付け加えておきます。まず、データベースですが、アマゾンの本番用サーバーとは異なる、データベース専用サーバーにアメリカのほうで毎日移しています。社員たちは移行後のデータ、つまり「昨日までのデータ」が見られる仕組みとなっています。また、当然ながら氏名やクレジットカード番号といったお客様の個人情報は一切見ることができないので、ご安心ください。

amazon's GREATEST RULES

日本の一流メーカー並みの管理指標を設定し、倉庫を運営

アマゾンでは、顧客体験の1つとして「お客様からいただいたオーダーを、どうやって最速で届けるか?」に飽くなき探究心を燃やし続けています。その象徴と言えるのが、**「フルフィルメントセンター」と呼ばれる倉庫の秀逸なテクノロジー**です。大量のオーダーを、驚くほどの速さで処理していきます。そのスピードを体感していただくと、誰もが感嘆の声を上げます。正直申し上げて、他のEコマースのリテーラーが求めているレベルとは雲泥の差があると思います。

アマゾンでは、前述したとおり、主要事業の1つとして「FBA(フルフィルメント・バイ・アマゾン)というサービスを行っています。物販者の在庫をお預かりして、

アマゾン上あるいは別のサイト上で売れた場合に、倉庫から発送するサービスです。

小田原にある倉庫のFBAカスタマーを増やそうということで、ときおり倉庫の見学会を開催しました。その際、私はよくガイド役で会社の説明をした後に、倉庫内を見てもらっていました。

見学者の皆さんに、**最後に私が見せるのが「シューター」**です。

梱包され出荷ラベルが貼られた荷物は、コンベアで最終出荷工程に運ばれてきます。その最後に巨大なバーコードスキャナーが設置されていて、出荷ラベルのバーコードを読み取り、それがどの「配送業者」が「どの仕向け地に」配送するものか判断します。その判断に基づき、それぞれの配送業者さん向けのシュートに自動でポストされ、その商品をピックアップして、トラックに載せて運んでいくのです。

見学者の方々が圧倒されるのは、荷物がバーコードリーダーを通過していくスピードです。スーパーなどで目にする「ピッ、ピッ、ピッ」といったレジを通すスピードとはまったく違います。ベルトコンベアが「シュシュシュシュシュ」とものすごいスピードで動いている中、スキャナーはすべてのバーコードを読み取り、高速でポストされていくのです。

見学者の皆さんは、テクノロジーの導入により、恐ろしいほどの速さで、大量の出荷作業が行われていること、しかも24時間常にこのスピード感でオペレーションをしていることに圧倒されてしまうのです。

このスピード感を可能にしたのは、他ならぬオペレーション部門の英知です。

アマゾンがオペレーションで目指しているレベルは、「物流」のレベルではなく、トヨタなど世界に冠たる日本の製造業が求める**「工場管理」のレベル**です。事実、現在アマゾンのオペレーション部門で働いていらっしゃる方の中には、日本のメーカー出身の方が多いのです。

日本のメーカーの管理指標が世界一と言われるほど厳しいのは、皆さんよくご存じだと思います。そのような工場で現場管理をしていた人がマネジメントをするわけですから、在庫の精度、生産性、納期に対する考え方などは、国内の他の物流業者さんとは異なるレベルに達しているのです。

amazon's GREATEST RULES

アメリカはアメリカ、日本は日本 各国事情を踏まえ、事業を進める

アマゾンでは、基本的にアメリカ本社に決裁権限が一元化されています。では、日本など各国に裁量がないかと言えば、そんなことはありません。

例えば、フルフィルメントセンター（倉庫）の仕様は、アメリカと日本とではまったく違います。

まず、アメリカには広大な土地がありますから、周囲に何もない広い大地に10万平米クラスの1階建ての倉庫を造ります。つまり、**「横に広い」倉庫**で、床の上をベルトコンベアが張り巡らされています。

対して日本ではアメリカほど土地がないので、大きな倉庫を建設しようと思えば積層、つまり**「高さを生かした」倉庫**になります。当然、倉庫内で使用する機械も、高

さに対応でき、床面積をあまり食わない集約型のものが必要となります。

また日本では、倉庫内の設備をマテハンメーカーと協力の上、自社開発・製作。自社のメンテナンス部隊が、日々メンテナンスを行っています。

自社にメンテナンス部隊がなければ、機械に何かトラブルがあった際、機械メーカーの故障担当を呼ぶしかありません。彼らが到着するまで待ち続けなければなりません。けれども、アマゾンでは、倉庫内の設備のすべてを知り尽くした精鋭が365日24時間すぐに対応できます。自社でメンテナンス部隊を備えるのですから、当然費用はかかります。けれども、**専任部隊がいることで得られる「スピード」は、費用を上回る効果をアマゾンにもたらしている**のです。


ちなみに、「自社製作、自社メンテナンス」は、世界のアマゾンの中でも非常に珍しいケースです。おそらく日本だけだと思います。

では、なぜ日本で実現できたのか？　それは、日本には高い技術のベースがあったからです。半導体メーカーや機械メーカーが多数あり、そういったメーカーの開発者などを採用しました。そして、日本のさまざまな素晴らしいメーカーにアマゾンの要求するスペックを伝えながら、オリジナルの設備を作っていくことができたのです。また、メンテナンス部隊も高度な技術者を多数確保する必要があったのですが、驚くほど優秀な方々が集まってきてくれました。

このような日本らしい倉庫のコンセプトは、私の上司であったジェフ・ハヤシダが考えたものです。そのコンセプトに技術的ノウハウを持ったエンジニアリングディレクターが賛同し、タッグを組みました。アメリカ本社もシステムサイドからサポートしました。その結果、現在の超高速システムが完成したのです。

キバ・ロボットが活躍する川崎倉庫に注目

余談ですが、倉庫もどんどん進化を重ねています。日本で最初にできた千葉県・市川の倉庫を第1世代とするならば、大阪府・堺の倉庫以降にできたものは第2世代と言えます。第1世代と第2世代では、やはり出荷スピードやコストに差が出ます。

第1世代は、設備の置き換えなどが必要な時期に来ていると思います。代替となる仮倉庫を用意してそこに在庫を移して入れ替えるか？　あるいは倉庫としての役目を終えるのか？　方法は2つありますが、実行に移すのはなかなか難しいものです。

第2世代も、現在のスペックと微妙に異なっているところを少しずつ改修しながら使っている状態だと思います。

そんな中、2017年に神奈川県・川崎に完成した倉庫では新しい試みも行われています。2012年にアマゾンが買収したロボット物流システムの「キバ・システム」のロボット「キバ・ロボット」を導入しています。お掃除ロボットを大きくしたような形状のキバ・ロボットが倉庫内を移動し、スタッフが在庫を取りに行くのでなく、ロボットが在庫を持ってきてくれるのです。

このシステムは、ベルトコンベアを設置する従来の倉庫に比べ、設置や導入の時間が少なくて済むそうです。また、注文から発注までの時間も大幅に短縮されているようです。何よりも大きいのは、近い将来大きな問題となる労働力不足が解消される道筋が見えてきたことです。

倉庫の光景を見たり、倉庫への設備投資のニュースを目にすると、アマゾンの哲学がはっきりと理解できるはずです。

amazon's GREATEST RULES

スピードを求めて行き着いた「移動サーバールーム」の発想

「ＯＬＰ（リーダーシップ理念）」の14か条の１つに「Bias for Action」という条文があるというお話は前にさせていただきました（１２５ページ参照）。要は**「考えて時間が経ってしまうぐらいなら、やってしまおう」**という考え方です。

インターネット上のスピードは、世の中のスピードとは違います。座して待っていたら、他の競争者に抜かれてしまいます。先んじるためには、**とにかく行動していくのが〝正解〟**なのです。

そんなアマゾンが、スピードをどれくらい大事にしているのかが、よくわかるエピソードがあります。

あるとき、某大企業がアマゾンの「AWS（Amazon Web Service）」のクライアントになりました。今までのデータをAWSのサーバーに転送することになったのですが、ここで問題が生じました。データがあまりにも膨大で、通常の光ファイバーの回線でデータを転送していると、何十年もかかってしまうことが判明しました。

そこで、AWSのメンバーはどうしたか？

「回線の太さがボトルネックになるなら、すごく太い回線で吸い上げればいいじゃないか」と彼らは考えました。そこでまず、ハードディスクを満載したトレーラーを作りました。ハードディスクの先には、極太の光ファイバーのコードがあります。そして、そのハードディスクをクライアントのサーバーに直接ガチャンとつなぎ、ものすごい勢いで一気にデータを吸い取りました（バキュームカーで吸い上げるイメージを想像してもらうと良いと思います）。そのトレーラーを走らせて自社データベースの施設に持ち込み、コードをガチャンと差してそのデータを全部流し込む——という方法を取ったのです。

つまり、**「移動サーバールーム」**を作り、稼働させたわけです。

その結果、わずか数か月でデータの吸い取りは完了し、無事に移行されました。

それがいちばん安くて、安全で、速い方法なのだそうです。以降、ＡＷＳでは頻繁に「移動サーバールーム」が活躍しているようです。

スピードの向上は、カスタマー・エクスペリエンスの向上につながります。いくらＡＷＳの価格が安くても「データ転送するのに1年かかります」と言われてしまえば、「それはちょっと……」と二の足を踏みます。そこに「3日で転送する」というソリューションがあれば、「ぜひ契約させてください」という話になるのです。

余談ですが、アマゾンでは以前から同じような考えで問題を解決していました。ホリデーピーク時には、アメリカで臨時倉庫が必要となることがありました。その際、サーバールームをトラックの中に積み込んで乗りつけ、そこからネットワークを敷いて環境を整えていたからです。「移動サーバールーム」は、この仕組みの進化形と言えるでしょう。

amazon's GREATEST RULES

コンマ何秒で在庫表示を切り替えるスピード感

アマゾンのサイトの商品ページへアクセスすると、在庫状況が表示されています。「Amazon.co.jpが販売・発送する商品」と「Amazonマーケットプレイスの出品者が販売および発送する商品」「Amazonフレッシュの商品」によってそれぞれ表示形式は異なっています。ここでは、**「Amazon.co.jpが販売・発送する商品」**を例に解説していきます。

「Amazon.co.jpが販売・発送する商品」の在庫状況は、次のように変化していきます。

「在庫あり」 配送センターに在庫が豊富にある場合。通常、注文確定後すぐに出荷準備が開始されます。

→**「残り○点　ご注文はお早めに」**　配送センターの在庫数が減ってくると、残数が表示されます。

→**「残り○点（入荷予定あり）」**　配送センターの在庫は僅少だが、まもなく入荷予定であることを示しています。

→**「通常2－3日以内に発送」「通常○－○週間以内に発送」「通常○－○か月以内に発送」**　配送センターに在庫がなく、仕入れ先から商品を取り寄せる場合を示しています。

「配送センターに在庫がある」状態は、自社で管理していますから在庫表示に苦労がありません。

難しいのは、「通常2－3日以内に発送」「通常○－○週間以内に発送」「通常○－○か月以内に発送」の状態です。商品を提供するベンダーさんから「取り寄せ可能かどうか？」「どのくらいの日数がかかるか？」の情報を収集して掲載することになりますが、この間もお客様から注文を受けているからです。「2日後に100個取り寄せ、納品できる予定だったが無理だった」となれば、お客様に多大なご迷惑をおかけしてしまいます。正確な在庫状況を表示するには、ベンダーさんとの緊密かつ正確な情報共有ができている必要があるのです。

在庫にゲタを履かせられないシンプルな理由

ちなみに、「在庫があると表示されていたから注文したのに……実は『すみません、在庫はありませんでした』とはどういうことだ！」とお客様を失望させることは、アマゾンではあってはならないことです。

こういったトラブルが起こる原因は、2つ考えられます。

1つは、**「倉庫内にあるはずの商品が見当たらない」**こと。つまり、在庫管理上のミス。

2つめは、**「最後の1つを同じタイミングで購入した別のお客様がいた」**こと。つまり、システム上のミス。

これらのトラブルを避けるのは、比較的簡単です。在庫に**「ゲタ」**を履かせてしまえば良いからです。例えば、「商品が残り2個になったら『通常2－3日以内に発送』（＝在庫ゼロ）の状況に切り替えよう」とルール決めをしたら、問題は起こりません。

ところが、アマゾンには、そのような対処療法的な考え方は存在しません。

まず、スケールの問題があります。アマゾンが扱っている商品すべてに「2個のゲタ」を履かせたら、余剰在庫の数はいくつになるでしょうか？　その合計金額はいくらになるでしょうか？　1商品にとっては「たった2個」でも、アマゾンの規模で考えるとゲタを履かせる選択肢はあり得ないのです。

では、どうするか？

アマゾンの出した答えは、

「在庫数にゲタは履かせず、すべての商品の在庫数を正確に把握する」

「在庫管理の精度を上げる」

「在庫状況が変わった瞬間、コンマ何秒で表示を切り替える」

というものでした。

特筆すべきは、**コンマ何秒で表示を切り替えるテクノロジー**です。

あるお客様が、ある商品をカートに入れた瞬間に在庫数はコンマ何秒で1減り、もしも「やっぱり買うのをやめようか」と戻したら在庫数はコンマ何秒で1増える……。アマゾンのサイトでは、複数のお客様の「同時買い」を防ぐために、ほぼゼロに近い秒数のレベルで在庫状況の表示切り換えを行っています。

世界中のアマゾンサイトのシステムは、アメリカで一元管理されています。そこでは24時間365日、世界中のアマゾンユーザーの買い物に即応して膨大な演算処理が行われているのです。

アマゾンが巨大なサーバーを自前で用意する必要があり、それがやがてAWSというサーバー貸しのクラウドサービスにつながった理由が理解していただけるのではないでしょうか。

amazon's GREATEST RULES

第9章

シンプルに行動するアマゾニアンの

コミュニケーション

アマゾンでは、顧客満足度の向上を
阻害する仕事のやり方を嫌います。
そして、当事者意識の希薄な〝評論家〟には、
最低評価が下されます。

amazon's GREATEST RULES

馴れ合いや妥協はお客様のためにならない

「あの人には世話になっているしなあ」「あの人には迷惑をかけられないからなあ」といった人間関係のしがらみに縛られた判断は、ジェフ・ベゾスの頭の中にまったくないと思います。

ジェフ・ベゾスはよく**「Social Cohesion（ソーシャル・コヒージョン）に注意してください」**と私たちに言っていました。

ソーシャル・コヒージョン――日本語に訳すと「社会的一体性」や「社会的統合」という意味です。あまりピンとこないかもしれません。意訳である**「馴れ合い」**や**「親しい間での妥協」**のほうが、ベゾスの伝えたい意味に近いかもしれません。

社内・社外にかかわらず、人間関係を無難かつ良好に維持しようとすると、さまざまな妥協が起きてしまいがちです。

本当はもっと高い目標を掲げなければならないのに「落としどころ」という言葉を使って安易な妥協を繰り返す……皆さんも一度や二度経験があるのではないでしょうか？

もちろん「落としどころ」がまったく許されない環境では組織は成り立ちませんが、肝心な場面では組織間や会社間の馴れ合いを排除することが必要だとジェフ・ベゾスは言うのです。

間を取って2メートル75センチにしていないか？

それはベゾスがバケーションも兼ねて来日したときでした。全社員から20名程度の者が選ばれて、ベゾスを囲んだランチをする機会がありました。その際、それぞれがベゾスへの質問を考えていったのですが、その質疑応答の中でソーシャル・コヒージョンについて解説してくれました。

社員からの質問は、

「会社が急成長し、組織が以前と比べると巨大になってきている。当然そのような巨大な組織を運営するのは初めてだと思うが、どんなことに気をつけているか？」

というものでした。

それに対してベゾスは、

「Social Cohesionが起こらないように注意しなければならない」

と答えたのです。


具体的な例として、天井の高さを推測する状況を用いて説明をしてくれました。

「天井の高さを推測するとき、ある人は『2メートル50センチくらいじゃない？』と言い、ある人は『3メートルくらいかな？』と言いました。

それを聞いたもう1人が、『じゃあ2メートル75センチということにしない？』と言い、他の2人も『そうしよう』と言って2メートル75センチにすることにしました――。

これがSocial Cohesionが起きた瞬間だ。曖昧な数字で、なんとなくゴールを決めたり、実績を測ったりしてはいけない。ちゃんとメジャーを持ってきて、天井の高さを測らなければいけないんだ」

組織が大きくなると、メジャーを持ってきて高さを測ることが、非常に手間に感じられるかもしれません。しかし、そんなときでも、**きちんと正確な数字を測る手間を惜しんではいけない**のだとベゾスは言います。

もしも全員がそのような誤差を許容し始めたら、組織が大きくなるほどにインパクトは大きくなり、やがて取り返しのつかないことになる。だから注意しなければならないというわけです。

社会的なしがらみ、癒着に近いようなことが起きてしまうと、人は妥協します。その妥協は、決してお客様のためにはなりません。本当にお客様のことを考えるのなら、その妥協を捨てなければならないのです。

ジェフ・ベゾスは、会社が成長するにつれ、馴れ合いや妥協に対する危機感を強めていきました。組織が小さい間はお互いの顔が見えています。ところが会社が大きくなり、組織が分かれてくると、顔が見えなくなっていきます。

すると、「ウチの部署ではこう考える」といった組織ごとの思惑が生じます。その結果、「じゃあ、この思惑と、その思惑の落としどころを見つけよう」という調整が始まります。日本ではとかく「間（あいだ）を取る」という行為をしがちなので、特に注意が必要です。

ただ1つ、「お客様」だけを見て判断する

馴れ合いや親しい間での妥協を嫌うアマゾンの考え方は、日本でサービスを開始した当初はなかなか受け入れられませんでした。〝黒船〟といった表現で半ば揶揄《やゆ》された背景には、「妥協しない＝冷徹、非情」といったイメージがあったのでしょう。

２０００年、アマゾン ジャパンの設立メンバーとして入社した私は、入社当初は書籍の仕入れ担当でした。取次さん、出版社さんとの交渉窓口でしたが、不信感を抱かれたり、警戒されたり、交渉を拒絶されたり……といったことが正直ありました。

アマゾンが見ているのは、**ただ1つ、「お客様」**なのです。それは、例えるなら**北**

極星のようなものです。

価格で言えば「お客様にいかに安く商品を提供するか?」、それだけをひたすら考えます。書籍は、日本では再販制度により、価格を下げることができません。それならば、配送料無料などのサービスを導入してお客様に還元するのです。

品揃《しなぞろ》えが良く、しかも安ければ、商品は売れます。すると口コミが起き、人がさらにやってきます。その結果、アマゾンでものを売る人たちの利益につながる——Virtuous Cycleを回すことが私たち全体の利益になるということを、情熱を込めてお伝えしたつもりです。うまく説明できていたかどうかは、自信がありませんが。

当時、警戒や拒絶の反応を示した取次さんや出版社さんも、現在アマゾンとお付き合いをしています。そこに至るプロセスではさまざまな思いがあるのかもしれませんが、**「アマゾンのサイトがたくさん本を売っていること」「〝死に筋〟と呼ばれるような過去の出版物も売れること」**が何よりも大きいのです。

ジェフ・ベゾスがよく話していたとおり、「世間から誤解されるようなイノベーティブなこと」が、今、花となって咲いているのだと私は思うようにしています。

amazon's GREATEST RULES

相手の負担を軽くした上で、お客様のために協力を求める

前項で、アマゾンは馴れ合いや妥協を嫌うという話をしました。

ただ、こう書いてしまうと、まるでアマゾンが相手にばかり努力を求めている印象を与えてしまいます。

アマゾンは、「自分たちはこうしたいので、これでよろしく」ということだけを言うわけではありません。コスト削減を例に解説しましょう。

ある配送業者さんに「コストを下げてください」とお願いしたとします。その際、配送業者さんが「無理です。今よりも下げる余裕がありません」と答えたとします。

アマゾンは、**「じゃあ、どうすればコストを下げることができるか、一緒に考えましょうよ」というアプローチ**を必ずします。

例えば、「配送業者さんの作業負担を、テクノロジーで減らす方法はないか?」を考えます。そして、「現在行っている作業の一部をこちらで引き受けるので、その分のコスト削減をお願いできませんか?」と頼むのです。

実際、「仕向け地ごとに仕分けする」という作業は、それまで各配送業者さんが手作業で行っていました。配送コストを安くするために、アマゾンが設備投資をして「配送業者別」かつ「仕向け地別」の仕分けを自ら行うようになったのです。

このような交渉は、どの部門でも絶えず行われていますが、アマゾニアンたちに迷いはありません。すべては「お客様」に還元するためだからです。

具体的な数字は伏せますが、アマゾンの給与体系は決して高いものではありません。そして、アマゾンの利益率は毎年1%前後です。株主還元もほとんどありません。株主はそんなアマゾンの**「長期的利益を追う企業姿勢」**に賛同してくれている人たちの集まりなので、この状況が成立しているのです。

利益は留保せず、さらなるカスタマー・エクスペリエンスの向上を目指し、惜しみなく設備投資に回しています。

amazon's GREATEST RULES

上司が部下に言ってはいけないアマゾンでの禁句とは？

アマゾンでは、新入社員の歓迎ランチ、オフサイトミーティングなど、オフィシャルなイベントは少なからずあります。けれども、上司から「仕事のやり方で話しておきたいことがあるので、帰りに1杯行かないか？」といったコミュニケーションはありません。自分の仕事が終わったら、すぐに帰るという社風です。

最大の理由は**「飲みながら酔っ払って話しても、お互い内容を忘れてしまうから」**です。それではまったく意味がありません。仕事上の課題でじっくり話し合う機会が必要ならば、日中に1対1で面接をセットして話し合いを行います。

アマゾンでは「部下が仕事をしやすい環境を作る」のが上司の仕事と考えています。

部下の仕事がまだ残っているのに、無理やり仕事を切り上げさせて、飲みに付き合わせる……といった、部下の仕事を阻害する行為は言語道断です。

私の部下の中にも、上司となり部下を持つと急に「おい、飲みに行くぞ」と上司風を吹かせたくなる人間はいました。そういった場合はようすをうかがい、「プライベートでお互い楽しく飲むなら別に構わないけれど、業務に支障をきたすような飲み方はしないでくれよ」とたしなめたこともあります。

ちなみに、アマゾンのオフィスレイアウトは、かなりフラットだと思います。日本企業でよく見られる、いわゆる〝島〟はありません。ディレクター以上になると個室があり、その個室の周りにチームの人間が座るスペースがあります。そのスペースには、カラフルなパーティションで区切られた席が設けられています。各人の席はいちおう決まっているものの、比較的自由にどこで仕事をしても良いという雰囲気。前や左右にメンバーがいて、顔をつき合わせて仕事をするという感じではありません。

個室は、チームのミーティングの際に使われたり、1対1で面接を行う際に使われたりしていました。

「自分の力で何とかしろ」は禁句

部下のパフォーマンスが上がらず、自分の率いるチームの目標が達成できないかもしれないという状況は、少なからずアマゾンでも生じます。

そのときに上司が部下に対して絶対に言ってはいけないのが、

「君、なぜ、これができないの？」

「自分で何とかしなさい！　私は知らないぞ」

といった言葉です。そもそも、部下のパフォーマンスが上がらず、チームの目標が達成できないかもしれないのは、チームを率いるマネージャーの責任。マネージャーは自らオーナーシップを発揮し、何とかしようとアクションしなければいけません。

それさえできていない状況であるにもかかわらず、**部下に「なぜできないのか？」「自分で何とかしろ」などと言うのは、あり得ない話**です。

アマゾンでは、プロジェクトの結果と個人の能力や性格とを切り離して考えます。

「なぜうまくいかなかったのか？」と失敗の理由をネチネチ聞かれることはありませ

ん。「起きてしまったことはしかたない。どうやったらリカバーできるのかに注力しなさい」という考え方だからです。

ただし、「失敗した理由をロジカルに分析しなさい」とは言われます。失敗した理由がわかっていなければ、解決法がわからず、対策を打てないからです。

と同時に、成功した場合も「ロジカルに分析して報告しなさい」と言われます。日本の企業では、失敗した場合の理由を聞かれることはあっても、成功した場合にはあまり聞かれないのではないでしょうか？　アマゾンでは、次も同じようにうまくいく方法、次に同じ失敗を繰り返さない方法、つまり**「再現性」**を重視しているので、成功した場合も当然分析が必要なのです。

とはいえ、相手から「うまくいかない原因をロジカルに分析して報告してほしい」と言われても、その原因がわからず、袋小路に入ってしまうことはあります。

私も、アメリカのＳＶＰ（シニア・ヴァイス・プレジデント）への報告ミーティングの際に、何度かそういう気持ちを味わいました。

ただ、そんなときに救われたのは、ＳＶＰが「なぜできないんだ？」とは決して言わず、**「どうしたら助けられる？」**と聞いてくれたことです。

「マサ、なかなか抜け出せなくて、すごく苦しんでいるのはわかるよ。どうやったら僕は君のことが助けられる？　何がわからないか教えてくれ。そうしたら、僕は分析できる人間を知っているから、彼らにいくらでも分析させるし、必要なら人を送るよ」と言うのです。うれしくて、私は涙が出そうになりました。

このようなSVPの考え方、声のかけ方は、その後部下とのコミュニケーションを取る上で大きな参考になりました。

〝評論家〟は最低評価を下される

また、アマゾンでは、部下が「それは違うと思います」と意見したとき、権威を傘に「なぜ上司の言うことが聞けないんだ？」という言い方も禁句。相手の意見の背景まで聞き取った上で、自分の意見と比較し、どちらがお客様にメリットがあるかを検討すべきです。
アマゾンの社内で**最も嫌われるのは〝評論家〟**――人の失敗を指摘するのが仕事に

なっている人間です。

私も、オペレーション部門に異動してすぐの頃、上司であるジェフ・ハヤシダに「数字的にはこうなのでしかたないんです」といった主旨の意見をしたところ、「そういう評論家みたいな話はいらないよ。現場に行って実績を見せてくれないか」と言われたことがあります。現場を見ず、何の創意工夫もせずに発言していないか？　数字の表側だけ見て言い訳をしていないか？　そういう姿勢をたしなめられたわけです。

マネージャーは「人・物・金」といったリソース（資源）を持っているのですから、必要なリソースを部下に提供し、部下の目標達成をサポートするのが仕事です。

「なぜできないのか？」「自分で何とかしろ」といった、責任転嫁の発言を繰り返すマネージャーはアマゾンではまったく評価されません。年1回行われる人事評価でも、部下はもちろん、同僚や上司からも「オーナーシップがまったくない人物です」と最低の評価を突きつけられることになります。

amazon's GREATEST RULES

段取りさえつけておけば長期休暇はもちろんOK

アマゾン ジャパンが設定している長期休暇はお正月休暇だけ。夏休み休暇はありません。そのお正月も、本社は1月1日から3日まではいちおうクローズしますが、倉庫のほうは、24時間365日休みなく稼働しています。

そんな中、リフレッシュに関しては、アマゾンは「積極的に取りなさい」という基本スタンスです。1つ1つのプロジェクトがスピーディーかつハードなので、休みを取らずに走り続けていたら燃え尽きてしまいます。区切りの良いところで心身をしっかり休め、次のプロジェクトに向き合おうと考えるのです。

ただし、リフレッシュ休暇を取る時期や期間は、あくまでもアマゾニアン1人1人に委ねられています。

要は、**「休む間の段取りさえつけておけばOK」**という考え方です。

自分がオフィスにいない間の仕事は他の人にきちんとお願いし、彼らができるようにデリゲーション「Delegation（引き継ぎ）」をしておきます。決裁権限者の立場にある人間の場合、スムーズに決裁をしないと購入遅れなどで大きな支障をきたします。ですから、休暇期間中は他の人に権限委譲し、「休みの間はこの人に全部承認を取ってください」と周囲にアナウンスをします。自分がいなくても業務がスムーズに流れていくのなら、長期休暇を取ることはまったく問題はありません。

アマゾニアンたちは、2週間程度の長期休暇は当たり前のように取ります。年間有給休暇が何十日もありますから、基本的にすべて有休でカバーできます。

自分も15年間で、海外旅行、妻の出産立ち会いなど、2週間程度の休暇を何度か取得しました。ヨーロッパなどは1か月ほどのバカンス休暇を取るのが習慣となっていますから、アマゾン ジャパンの面々はおとなしいほうだと思います（笑）。

amazon's GREATEST RULES

プロジェクトの後に必ず行われる「ポストモーテム」

アマゾンでは、部下を認め、賞賛し、広く知らせることも、上司の重要な役割と考えています。

例えば、プロジェクト完了の報告。あるプロジェクトを部下が成功させたとします。すると、上司は必ず「こういうプロジェクトがあって、部下の○○さんが頑張って立ち上げたんだ」ということを、社内のネットワークメールで広く知らせるのです。

あるいは、記録達成の報告。倉庫ごとに「1日の最大入荷数」「1日の最大出荷数」などの最高記録があります。クリスマスなどのホリデーシーズンには、その最高記録が上書きされると、サイトリード（所長）などが「レコードブレイクしました」というメールを社内のネットワークで流すのです。

このような報告をすると、メールを見た人たちから次々と「おめでとう！」といった返信があります。それらをまとめ、部下に伝えることにより、部下のモチベーションはさらにアップします。

最大の「ポストモーテム」は、ホリデーシーズン後に

あるプロジェクトが終わると、アマゾンでは必ず**「ポストモーテム」**を行います。「ポストモーテム」とは、振り返り作業のこと。**PDCAサイクル（Plan→Do→Check→Act）の「CA」に該当**します。

私がいちばん長く在籍したオペレーション部門で最大のポストモーテムは、入出荷がピークを迎える「ホリデーシーズン（クリスマス〜お正月）」を終えた後のもの。私たちは、ホリデーシーズンを乗り切るための対策を**「ホリデープラン」**と呼んでいましたが、日本全国のサイトリード（所長）他数十名を電話回線でつなぎ、ホリデープランの検証を行うのです。

1月のお年玉キャンペーンが終わり次第、まず各倉庫で「今回のホリデープランはどんな点がうまくいったか?」「逆に、どこがまずかったか?」「次回はどういうふうにすべきか?」を話し合ってもらいます。失敗などは、当事者だけ「次回は気をつけよう」と心にとどめているだけでは、根本解決にはなりません。必ず、**外に出すことが重要**です。

各倉庫での話し合いの結果をサイトリードなどがまとめた上で、数十名参加のポストモーテムを始めます。

サイトリードを中心に「今回のホリデープランはどんな点がうまくいったか?」「逆に、どこがまずかったか?」「次回はどういうふうにすべきか?」をシェアし合い、2時間ほどかけてじっくり行います。シェアすることで、1つの倉庫特有の問題だったのか、日本全国で同じような問題が起こっていたのかなども見えてきます。

話し合いで挙がってきた、うまくいった点、うまくいかなかった点、取るべき対策をドキュメントにして残しておきます。

余談ですが、このとき私たちがよく口にしたのは、「次のホリデーシーズンまであと330日だよ」といった言葉です。次は1年も先、ではなく、もう1年しかないという感覚だったからです。

ここまでが、PDCAの「C」にあたる部分です。

さらに重要なのは、この先のPDCAの「A」の部分です。次の「ホリデープラン」が始まる前には、サイトリードなどで話し合いの機会を持ちます。前回作成したドキュメントを見直すためです。やはり1年近く前のことなので、どうしても忘れてしまいます。ドキュメントを見ながら、「前回はこの部分を失敗したよね？　このことに対してどういう対策を打てているんだっけ？」といった形で、対策を1つ1つ万全に用意してアクションに移していくのです。

成長のための重要なメカニズム

ポストモーテムの規模は大小さまざまですが、どの部門でも頻繁に行われています。私もよく部下に「ポストモーテムはもうやった？　30分で良いので時間見つけてやっておこう」といった声がけをしていました。

「プライムデー」などのイベントでどの部門が特に大変かといえば、やはりオペレーション部門ですから、こういったキャンペーンの後は必ずオペレーション部門でポストモーテムが開催されていました。

「バレンタインデー」「ホワイトデー」などのキャンペーン後も、もちろん開催されます。アマゾンの梱包は「ヒートシュリンクラップ」という数百℃の高温の炉の中を通すラッピング方法で梱包していますが、チョコレートは熱を加えると溶けてしまうので、別ラインで梱包する必要があり、実は大変だからです。どのような対策を打てばお客様にとってより良くなるかを、毎回話し合うのです。


日本の企業はPDCAの「PD」にばかり目を向け、「CA」を行わない傾向があると感じています。成長を加速させる上で非常に有効な仕組みなので、伸び悩みを実感している企業は**ポストモーテムを徹底する**と良いのではないでしょうか。

amazon's GREATEST RULES

終章

劇的な成長を一員として体験できた

アマゾンでの15年

私がアマゾンに初めて関心を
抱いたのは、1999年の冬でした。
2000年に入社以降、
どんなことに携わってきたのかをお話しします。

「あのポッと出のアマゾンだって……!」と会長が激怒

1994年、大学を卒業した私は株式会社セガ・エンタープライゼス(当時)に入社しました。そして1999年から2000年にかけて、私はアメリカに赴任していました。1998年に日本で発売した家庭用ゲーム機「ドリームキャスト」を、アメリカでも販売する現地法人のサポートをするためです。私は生産管理のメンバーとして、現地でゲームディスクを作るための設備の立ち上げ、アジア地域で作ったハードウェアの搬送調整などを行っていました。

転機となったのは、1999年の冬。クリスマスが終わった後の報告会でした。当時、セガの会長には、株式会社CSK(現在のSCSK)の創設者であり、株主でもあった大川功さんが就任していました。大川会長はドリームキャストのアメリカでの成功に強い意欲を抱いていらっしゃいました。そんな大川さんがアメリカにお越しになったので、赴任メンバーを含めた現地法人の主要メンバーが集合したのです。私もその1人として、末席に加わることができました。

この報告会がとても厳しいものになることは、出席者全員わかっていました。なぜなら、クリスマスのプレゼント配送で大失態を演じた直後だったからです。

1999年の冬、セガは「インターネットでお客様からクリスマスプレゼントの注文を受けて配送したい」と考え、実行に移しました。ただ、当時セガ自体はインターネット受注〜配送のシステムを備えていなかったので、あるプロバイダーに外注しました。

ところが、見事に失敗しました。

お客様の手元に、期日どおりにドリームキャストを届けられなかったのです。そのことが、大川さんの逆鱗《げきりん》に触れました。

ドリームキャストはインターネット機能を備えていたので、大川さんはドリームキャストを、ゲーム機というよりも家庭用インターネット端末としてアメリカ全土に普及させたかったのです。「ドリームキャストを使って、アメリカの各家庭がインターネットで買い物をする」――という光景を思い浮かべていたのです。

大川さんは「インターネットの入口になる端末を売っているのに、インターネットで注文してくれたお客様に届けられないとは何事だ」と激怒しました。その場にいた全員が凍りつくほどの剣幕でした。

そのときに大川会長の口から、

「あのポッと出のアマゾンだって、このクリスマスに約束どおり商品を届けるんだぞ！」

という言葉が出たのです。

私はふと「えっ、アマゾンって何？」と思いました。アメリカにいながら1999年の冬にアマゾンの存在を知らなかったのですから、情報に疎いと言われてもしかたありません。けれども当時は、自分の業務に一生懸命で、周りが見えていませんでした。

恐怖の報告会が終わった後に同僚に聞くと、「知らないのか？」と笑われ「インターネットショッピングで台頭してきている会社だよ」と教えてもらいました。「どんなことができるの？」「本とか買えるよ」と言われたので、実際に本を買ってみました。「Amazon.com」のサイトを覗いてみると、一般の書店ではまず取り扱っていないような書籍が「在庫あり」となっていたので、興味本位で注文してみたのです。

するとわずか2日後に着きました。私は「なぜ、こんなことが可能なのか？」と驚きました。

その頃、日本で通販といえば、どんなに早くても注文から到着まで1週間以上はかかっていました。2週間、1か月も当たり前でした。それが、たったの2日……。「これはすごいぞ」と感銘を受けました。それが、私とアマゾンとの出会いでした。

と同時に、「今、インターネットの世界に飛び込まなければ、完全に乗り遅れる」という危機感も抱き始めました。よし、転職してインターネットの世界に飛び込もう。上司に話をし、翌2000年の4月にアメリカを引き払って日本に帰ってきました。

それから、いくつかのリクルートエージェントに登録し、インターネット業界への転職活動を始めました。すると、ある日1つのエージェントから「インターネットの物販で成功しているアメリカの企業が人材を探している」という連絡がありました。

その瞬間、「アマゾンだ！」とピンと来ました。というのは、当時アメリカのインターネットで成功している会社で日本未上陸だったのは、2社程度しかなかったからです。

私は即座に面接をセッティングしてもらいました。場所は、新宿のオフィス。面接官は、その後の上司と人事担当者。1時間半ほど2対1の面接が1回だけ行われました。立ち上げ前の面接は、現在ほどハードルが高くなかったのです。そのおかげかどうか、3週間ほど経って採用の返事をいただきました。

1999年のクリスマスの後にアマゾンを知り、約半年後にはアマゾンに入社していました。「世の中の出来事はすべて必然である」――という言葉を自分が信じる大きなきっかけとなりました。

入社後最初の担当は、サプライチェーンマネジメント

私がアマゾンに在籍した15年間を大別すると、次の3つになります。

①入社から約2年半（2000～2002年頃）

新しい商品群の立ち上げ準備や在庫管理

サプライチェーンマネジメント部門は、「仕入れたものをどう運び、倉庫にどう入れるのか？」「倉庫にどういう在庫を持っておくべきなのか？」といったことをベンダー（仕入れ先）さんと話をする部門です。

ちなみにアマゾンでは、発注業務でファックスやEメールを一切使いません。「EDI」という電子商取引ができる仕組みを必ず立ち上げます。そのEDIをベンダーさんとつなぐ準備をするのも、我々の業務の1つでした。

アマゾンでは、新しい商品群のことを**「ストア」**と呼びます。私の主な業務は、プロジェクトマネージャー的な立場でストアのバックエンドの仕組みを作ることでした。立ち上げ後は、在庫レベルを安定させなければいけません。一定の在庫回転率を維持しながら在庫をどう買い付けたらいいのかを考え、動くのも私の役割でした。

②その後の約2年半（2002～2004年頃）

書籍仕入れ担当

その後、「出版社さんとの交渉をして書籍の仕入れを強化しなければいけない」という話になり、仕入れ業務を行う部署の責任者として異動しました。

実際に出版社さんへ足を運び、「どのくらいの冊数を出していただけますか?」とご相談しました。

その当時は〝黒船アマゾン〟と言われ、アマゾンに対して出版社さんは好意的な時代ではありませんでした。席に着くなり出版社さんから「どうせ値引きするんでしょ」などと言われ、「アマゾンにはうちの本は出しません」と出品拒否をする会社も多かったのが実情です。ただ、それを嘆いてもしかたありません。アマゾンは書籍に関するさまざまな実売データを持っていましたから、データを開示しながら「我々はこれだけの本を売っています。ご協力をお願いします」と伝え、少しずつ風向きを変えるように動いていました。

③その後の約10年(2005~2016年頃)

オペレーション担当

次に、オペレーション部門に移ります。アマゾンでは倉庫のことを「フルフィルメントセンター（ＦＣ）」と呼ぶのですが、ＦＣオペレーションズという組織の中にいました。

前職のセガでは生産管理の仕事をしていましたし、物流、調達などが私のやりたいことでした。また、アマゾンに入社してみて、**倉庫の運営こそがアマゾンの心臓部**だと感じていました。５年経ち、組織変更があったタイミングで上司に「倉庫の運営をやりたい」と希望し、異動してきたのです。

異動して最初にやったのは、千葉県・市川倉庫の移転作業です。それまでは５００0坪ほどの非常に小さな倉庫で運営していましたが、同じく市川に新設された２万坪の倉庫へ引っ越しをしました。私は入荷部門の責任者として、この引っ越しプロジェクトに携わりました。

成長を遂げるアマゾンでは、次々と大きな倉庫を新設していきました。私の在籍中は、平均すると２年に１つ新設していました。

市川の倉庫の後に建てたのは、千葉県・八千代の倉庫。私は、そのプロジェクトのリーダーとして陣頭指揮をとり、立ち上がった後はサイトリード（所長）として赴任しました。

３つめは大阪の堺でしたが、そこでも立ち上げのプロジェクトリーダーを務め、立ち上げ後はサイトリード（所長）となりました。４つめの川越の倉庫の立ち上げまで、私は担当しました。

その後は、複数の倉庫を見るポジションになりました。川越が立ち上がった後に東日本大震災が起きて千葉の倉庫の機能が低下し、急遽《きゅうきょ》埼玉県に３つ倉庫を建設しました。そのときには、埼玉地区を統括するポジションに就きました。

その後は、全国の倉庫を最大11カ所見ていた時期も１年ほどありました。さすがに11か所は厳しいので、東西の２ブロックに分け、東日本を担当していました。

札幌のサイトリードが辞めてしまったので、急遽札幌にあったカスタマーサービスを担当したこともあります。３か月だけでしたが、カスタマーサービスの改善活動なども併せて行いました。余談ですが、札幌にカスタマーサービスの拠点が作られたのは、北海道の方のイントネーションが標準語に近いからだそうです。初期のメンバーはアメリカでトレーニングを受ける必要があったので、英語能力の高い人たちばかりだったと記憶しています。

その後は、小田原の倉庫を立ち上げ、2期工事の立ち上げを行った後、2016年2月に退社しました。

これが私のアマゾンでの15年間です。とても密度の濃い、充実した15年間でした。あらためて感謝の気持ちでいっぱいです。

最後に

本書を手に取ってくださり、そしてお読みくださり、本当にありがとうございました。本書を通じてアマゾンが何を考え、どのようにしてお客様と向き合い、そして巨大な企業へと成長を遂げたのか少しでもご理解いただけたのではないかと思います。

私は15年あまりアマゾンという会社で時を過ごし、その理念や考え方の素晴らしさを本当に尊敬し、敬愛してきました。

もちろんその組織の中でさらなる成長を見届けたいという気持ちもありましたが、ベゾスがAll Handsのときに言った「アマゾンが世の中のロールモデルになる」世界の実現をサポートしたいと強く考えています。

本当の意味での顧客満足度の向上を実践するために、アマゾンに倣い、アマゾンと同様の理念で、それを実現する企業や組織の手助けができたらと考えています。

もしあなたの会社や組織がこの本の中に語られているアマゾンと同じ道を歩みたいと考えているのであれば、ぜひ私にご連絡をいただければと思います。

みなさんの顧客が、社員が、その家族が、取引先があなたにとってかけがえのない「お客様」となり、その満足度が向上する、そんな素敵な社会をみなさんと実現したいと思います。

そう、そしてこの道のりは、Still Day Oneなのです。

佐藤将之

アマゾンの成長の軌跡

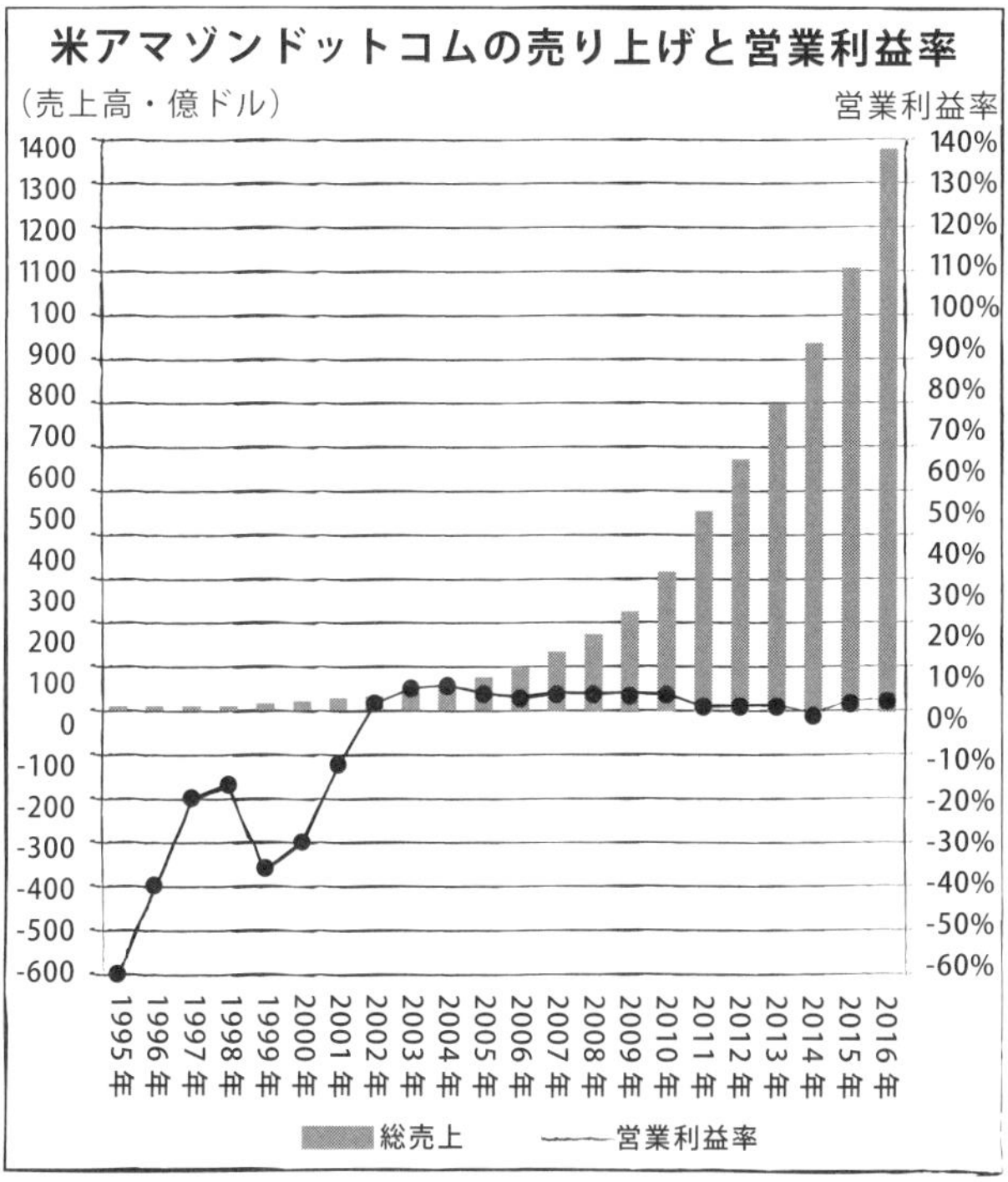

- 2006年に$10Billion（1 兆円）を超え
- 10年で売上高約14倍、2017年は17兆円
- 毎年20%以上の成長率を維持
- 2016年に営業利益率 3.1% を確保
- Amazon.co.jpは2016年に1兆円企業の仲間入り

2010	「楽器」ストアをオープン 「Amazon Vine（ヴァイン）先取りプログラム」開始 「Amazonマーケットプレイスwebサービス」の提供を開始 新物流センター「アマゾン川越FC」が埼玉県川越市に開業 「お届け日時指定便」の提供を開始 「著者ページ」の提供を開始 「Amazon定期おトク便」を開始 「ペット用品」ストアをオープン 「無料配送」サービス開始 新物流センター「アマゾン大東FC」が大阪府大東市に開業 DRMフリーの音楽配信サービス「Amazon MP3ダウンロード」を開始 「Nipponストア」をオープン
2011	新物流センター「アマゾン常滑FC」が愛知県常滑市に開業 「PCソフト ダウンロードストア」開業 新物流センター「アマゾン芳野台FC」が埼玉県川越市に開業 新物流センター「アマゾン狭山FC」「アマゾン川島FC」を開業
2012	宮城県仙台市にカスタマーサービスセンター開業 本社が目黒区下目黒に移転 新物流センター「アマゾン鳥栖FC」（佐賀県鳥栖市）が本格稼働 サイトのデザインがリニューアル 電子書籍サービス「Kindleストア」オープン 「Amazon Cloud Player」提供開始 新物流センター「アマゾン多治見FC」が岐阜県多治見市に開業 「あわせ買いプログラム」開始
2013	新物流センター「アマゾン小田原FC」（神奈川県小田原市）が開業 物流センター「アマゾン常滑FC」、「アマゾン芳野台FC」閉鎖 大阪支社が大阪府大阪市北区中之島に開業 Kindleオーナー ライブラリー開始 動画配信サービス「Amazonインスタント・ビデオ」を開始
2014	法人販売事業者向け融資サービス「Amazon レンディング」を開始 Amazon.co.jpが「Amazon FB Japan」を設立し、酒の取り扱いを開始 ファッション通販「javari.jp」終了 Amazon.co.jp商品のローソン店頭注文、取り寄せサービスを開始
2015	Windows向け電子書籍閲覧ソフト「Kindle for PC」アプリを提供開始 Mac向け電子書籍閲覧ソフト「Kindle for Mac」アプリを提供開始 アカウント・決済機能連携サービス「Amazonログイン&ペイメントサービス」開始 「Amazon 本買取サービス」を開始 「プライム・ビデオ」提供開始 新物流センター「アマゾン大田FC」（東京都大田区）が開業 注文から1時間以内または2時間以内で配達する「Prime Now」開始
2016	通常配送料無料サービスを終了 アマゾン ジャパンとアマゾンジャパン・ロジスティクスが合併し、株式会社から合同会社に移行 電子書籍の定額読み放題サービス「Kindle Unlimited」開始 新物流センター「アマゾン川崎FC」（神奈川県川崎市）が開業 新物流センター「アマゾン西宮FC」（兵庫県西宮市）が開業
2017	新物流センター「アマゾン藤井寺FC」（大阪府藤井寺市）が開業

Amazon.co.jpの年表

2000	日本版サイト「Amazon.co.jp」としてオープン
2001	北海道札幌市にカスタマーサービスセンター開業 ジャスパー・チャンがアマゾン ジャパン代表取締役社長に就任 「Amazonアソシエイト・プログラム」開始 「音楽」「DVD」「ビデオ」のストアを同時オープン 「ソフトウェア」と「TVゲーム」のストアをオープン 代金引換による支払いをスタート
2002	「マイストア」オープン 「Amazonマーケットプレイス」導入
2003	「エレクトロニクス」ストアをオープン 「Amazon webサービス」を開始 「ホーム&キッチン」ストアをオープン
2004	ブックストア内に「雑誌」コーナーオープン 「おもちゃ&ホビー」ストアをオープン
2005	ブックストアにて「なか見！検索」を開始 新物流センター「アマゾン市川FC」が千葉県市川市に開業 ジェフ・ハヤシダがアマゾン ジャパン代表取締役社長に就任 「スポーツ」ストアをオープン
2006	コンビニ・ATM・ネットバンキング払いを開始 「Amazon e託販売サービス」開始 「ヘルス&ビューティー」ストアをオープン Amazonショッピングカードをコンビニエンスストアにて販売開始 「お急ぎ便」の提供を開始
2007	「Amazonポイント」サービスを開始 「時計」ストアをオープン 「スポーツ」ストアの店名を「スポーツ&アウトドア」に変更 「マーチャント@amazon.co.jp」開始 「ベビー&マタニティ」ストアをオープン 「Amazonプライム」を開始 新物流センター「アマゾン八千代FC」が千葉県八千代市に開業 「アパレル&シューズ」ストアをオープン
2008	日本および欧米でのテストを経て、レイアウトが変更 「フルフィルメント by Amazon」開始 「コスメ」ストアをオープン 「コンビニ受取」サービスを開始 「食品&飲料」ストアをオープン 靴とバックを扱うサイト「Javari.jp」をオープン
2009	「ジュエリー」ストアをオープン 「文房具・オフィス用品」ストアをオープン Amazonギフト券をコンビニエンスストアにて販売開始 「Javari.jp」から「キッズ&ベビーカテゴリー」がオープン 「Javari.jp」から「デザイナーストア」がオープン 「DIY・工具」ストアをオープン 新物流センター「アマゾン堺FC」が大阪府堺市に開業 「当日お急ぎ便」の提供を開始 「カー&バイク用品」ストアをオープン 「Amazonフラストレーション・フリー・パッケージ（FFP）」の導入を開始 「Amazonベーシック」製品の提供を開始 「FBAマルチチャネルサービス」開始

〈著者紹介〉
佐藤将之（さとう まさゆき）
企業成長支援アドバイザー。セガ・エンタープライゼスを経て、アマゾン ジャパンの立ち上げメンバーとして2000年7月に入社。サプライチェーン、書籍仕入れ部門を経て、2005年よりオペレーション部門にてディレクターとして国内最大級の物流ネットワークの発展に寄与。2016年、同社退社。現在は鮨職人として日本の食文化に携わるとともに、15年超の成長企業での経験を生かし、経営コンサルタントとして企業の成長支援を中心に活動中。

ブログ https://ever-growing.biz

アマゾンのすごいルール

2018年4月20日 第1刷発行
2018年7月3日 第2刷発行

著　者　佐藤将之
発行人　蓮見清一
発行所　株式会社宝島社
〒102-8388
東京都千代田区一番町25番地
電話　編集：03-3239-0926
営業：03-3234-4621
http://tkj.jp

印刷・製本　日経印刷株式会社

ISBN 978-4-8002-8243-9